U0468604

尼泊尔与"一带一路"

NEPAL AND THE BELT AND ROAD INITIATIVE

张海冰 周太东 等◎著

时事出版社
北京

前 言

尼泊尔是一个特殊且极具魅力的南亚内陆国家,位于印度和中国之间。尼泊尔不仅是佛教圣地,佛祖释迦牟尼的诞生地就在尼泊尔的蓝毗尼,而且还是徒步登山爱好者的圣地,包括珠穆朗玛峰在内的世界十大高峰有八座在中尼边境。尼泊尔国土面积约14.7万平方千米,总人口3000万左右,是一个民族、宗教和语言多样化的国家。尼泊尔没有一个超过半数的大民族。按人口来排列,其主要民族有萨特利、婆罗门、马格尔、塔如、达芒、尼瓦尔等。尼泊尔经济以农业和旅游业为主要支柱,国内80%的人口从事农业生产,是世界上最不发达国家之一。

中国和尼泊尔自1955年建交以来,双边关系持续稳定发展,体现了坚持平等相待、和睦共处、世代友好和全面合作的精神。中尼友好合作对于地区乃至世界的和平、稳定与发展具有重要的战略意义。自2013年中国提出"一带一路"倡议以来,中尼发展合作取得了更多的积极进展,双方对于未来深化互利合作的期待呈现明显上升趋势。在2015年尼泊尔发生大地震时,中国政府给予尼泊尔非常及时的援助,也进一步推动了中国和尼泊尔两国民众了解彼此的热情,目前中国已经成为尼泊尔国际游客第二大来源国。

本书写作的初衷是为了更好展现"一带一路"倡议提出以来，中尼发展合作的全面进展。书中分析了中国对尼泊尔的援助、贸易和投资情况以及面临的机遇和挑战，并对印度和尼泊尔的合作以及中、尼、印三方合作情况进行分析。此外，本书还专门就中国在尼泊尔的代表项目案例进行梳理，希望能比较全面地展现中尼合作情况。其中，各章分工如下：第一章（张海冰）、第二章（周太东）、第三章（薛磊）、第四章（刘宗义）、第五章（周士新）、第六章（张翀）。总的来看，中国提出的"一带一路"倡议为尼泊尔带来了新的发展机遇。中国提出建设中－尼－印经济走廊，倡导三国打造跨越喜马拉雅的立体互联互通网络，为尼泊尔的发展和繁荣提供了新的现实选择。

本书并非是作者们的书斋之作，在亚洲基金会的支持下，本书作者在尼泊尔进行了为期一周的实地调研和访谈，走访了尼泊尔的政府部门、智库、大学、企业、国际组织和当地民间组织等，并拜访了中国驻尼泊尔大使馆，力求全面听取各方面人士对中尼合作的看法。同时，在中国国内，还分别召开了两次专题讨论会，邀请国内相关领域专家共同讨论。此外，还拜访了尼泊尔驻沪总领馆、相关中资企业等，以便更好帮助我们理解中尼合作的全貌。因此，书中的部分观点来自调研和访谈，以及我们的实地观察所得，难免挂一漏万。可以说，本书只是我们真正认识尼泊尔的开始。

张海冰

目 录/Contents

第一章 中国和尼泊尔合作的总体进展与评价 _1
一、"一带一路"倡议下中尼全方位合作进展 _2
二、尼泊尔对"一带一路"倡议下中尼合作的评价 _10
三、中国对"一带一路"倡议下中尼合作的评价 _16
四、结语 _21

第二章 中国对尼泊尔的援助 _23
一、尼泊尔接受援助整体情况概述 _23
二、尼泊尔对外援助管理模式 _29
三、中国对尼泊尔的援助 _32
四、对中国援助尼泊尔的总体评价 _52
五、进一步提高中国对尼泊尔援助效果的建议 _58

第三章 中国与尼泊尔经贸投资关系 _60
一、双边贸易投资的基本情况 _60
二、"一带一路"建设为尼泊尔经济增长提供的新机遇 _62
三、中国企业在尼泊尔投资经营遭遇的困难及挑战 _65

第四章　印度对中尼合作的影响　_69
一、印度和尼泊尔的关系　_71

二、印度对尼泊尔与中国发展关系的看法　_80

三、印度对中尼合作及中尼(印)经济走廊的态度　_83

四、结语　_88

第五章　中国在尼泊尔投资和援助的企业案例　_90
一、葛洲坝集团　_90

二、上海建工集团　_110

第六章　"一带一路"倡议下中尼合作的机遇与挑战　_125
一、"一带一路"倡议为中尼带来发展新机遇　_127

二、"一带一路"倡议在尼泊尔面临的挑战　_134

三、"一带一路"倡议下巩固中尼合作的建议　_145

四、结语　_148

致　谢　_150

第一章
中国和尼泊尔合作的总体进展与评价

尼泊尔作为中国的邻国，具有特殊的地理位置。按尼泊尔尼瓦尔语所讲，"尼"即"中间的"，"泊"即"国家"，"尼泊尔"即"中间的国家"。尼泊尔地处喜马拉雅山南麓，在中国和印度两大国的环抱之中，无第三邻国，因此，有学者认为尼泊尔这种特殊的地缘特点，使它在与两个邻国关系的处理上呈现非此即彼、非黑即白的特点。这似乎是内陆小国都必须面对的"身间两强，必有骑墙"的命题。① 但是，中国提出的"一带一路"倡议为尼泊尔发展带来了更好的选择。中国提出建设中国、尼泊尔、印度三边经济走廊，倡导三国应打造跨越喜马拉雅的立体互联互通网络，实现共同发展和共同繁荣。对于尼泊尔而言，处于两个地区大国之间的劣势，在积极有效的合作战略推进下，完全有可能转化为不可替代的优势。早在 2015 年，王毅外长就曾说过："尼泊尔只有中印两个邻国，与两个大国为邻，对尼不是劣势，而是区位优势。我们愿意看到尼泊尔同中印都保持友好关

---

① 梁忠翠：《近代中尼关系中我国西藏因素之历史、影响与思考》，载《西北民族大学学报（哲学社会科学版）》，2018 年第 1 期，第 27 页。

系，而中印可以发挥各自优势，携起手来，共同帮助尼泊尔加快发展。尼泊尔保持稳定和发展，也符合中印双方的利益。尼泊尔完全可以成为中印互利合作的舞台，而不会是竞争博弈的赛场。"① 因此，在我们探讨"一带一路"倡议下中国与尼泊尔的合作时，一个很重要的出发点是不以排除印度为目的，而是倡导中、尼、印共同合作与发展。尼泊尔也可以凭借它特殊的地缘政治和经济地位，使其成为中国"一带一路"倡议在南亚地区的重点合作国家之一。

一、"一带一路"倡议下中尼全方位合作进展

"一带一路"倡议在全球不同国家和地区的合作进程各有差异，但是这一倡议的确为发展中国家尤其是基础设施落后的最不发达国家带来了切实的发展机遇和更多的选择机会，尼泊尔也不例外。尼泊尔属于农业国，80%的国民从事农业生产，农业总产值约占GDP的40%。20世纪90年代起，尼泊尔开始实行以市场为导向的自由经济政策，但是由于国内政局动荡不安，加之基础设施严重不足，导致尼泊尔经济发展迟缓。因此，尼泊尔经济不得不严重依赖外援，预算支出的1/3来自外国捐赠和贷款。2013年"一带一路"倡议提出以来，中尼双边关系不断深入发展，双方稳步推进在基础设施互联互通、灾后重建、人文交流等各个领域的合作，为尼泊尔经济发展注入了新的活力。具体来看，"一带一路"倡议下，中国和尼泊尔合作的进展主要体现在以下四个

---

① 王毅：《尼泊尔是中印互利合作的舞台，而非竞争博弈的赛场》，2015年12月25日，中华人民共和国外交部，http://www.mfa.gov.cn/web/zyxw/t1328028.shtml。

方面：

（一）共同规划全方位合作

"一带一路"倡议在南亚有三种推进类型：一是全方位推进型，比如中巴经济走廊里面包含瓜达尔港、卡西姆港燃煤电站、喀喇昆仑公路二期改扩建工程等一系列项目；二是重大项目推进型，比如斯里兰卡的科伦坡港口城项目；三是民营企业推进型，比如中国的小米、华为等企业在印度市场占据较大份额。① 从中尼政府的战略规划看，双方在"一带一路"倡议下的合作是全方位的。

2014年12月17日，商务部副部长高燕与尼泊尔财政部秘书沙尔马在北京共同主持召开了中尼经贸联委会第11次会议，双方签署了《中华人民共和国商务部和尼泊尔政府财政部关于在中尼经贸联委会框架下共同推进"丝绸之路经济带"建设的谅解备忘录》及其他有关合作文件。2016年3月，尼泊尔总理奥利访华期间，中国和尼泊尔在北京发表《中华人民共和国和尼泊尔联合声明》，双方同意对接各自发展战略，制订双边合作规划，在"一带一路"倡议框架下推进重大项目实施。2017年5月，中尼签署了《关于在"一带一路"倡议下开展合作的谅解备忘录》。2017年9月7日，外交部长王毅在北京同尼泊尔副总理兼外长马哈拉会谈后共同会见记者，就中国和尼泊尔在"一带一路"框架下深化合作重点聚焦在以下四个方面：首先，规划一条铁路。建设中尼跨境铁路是两国领导人共同提出的战略合作设想。中尼已同意积极开展项目勘察、设计、可行性研究、人才培训等合作。其次，修复

---

① 曹元龙：《"一带一路"建设惠及南亚发展》，载《光明日报》，2017年4月21日。

两条公路，即阿尼哥公路和沙拉公路。这两条公路是中尼传统陆路通道，但在2015年的"4·25"特大地震中严重损毁。第三，建设三个口岸，即樟木、吉隆、普兰口岸。双方已将吉隆口岸升级为国际口岸，将不断完善口岸设施和功能，以此为依托建设中尼跨境经济合作区。双方同意完善普兰口岸基础设施，使其更好地发挥联通作用。双方还将根据需要，积极研究增开其他口岸。第四，深化贸易投资、灾后重建、能源和旅游四大重点领域合作。

（二）重点推进互联互通建设

中尼两国政府关于在"一带一路"倡议下开展合作的谅解备忘录强调了加强口岸、公路、铁路、航空、通信等方面互联互通，打造跨喜马拉雅立体互联互通网络。2016年《中尼政府间过境运输协定》的签署对于促进中尼互联互通具有积极推动作用。中尼之间不仅开通了跨境陆地光纤，而且跨境铁路运输线以及新国际机场建设方面的合作也在积极推进中，中尼间陆路交通基础设施互联互通也在稳步推进。在尼泊尔的国内基础设施建设方面，中国政府援建的加德满都内环路拥堵路段改造项目由上海建工集团承建，已经于2019年1月竣工并交付使用。10.4千米的内环路拥堵路段升级改造项目，建成后成为尼泊尔全国第一座城市立交桥，有效缓解了加德满都市的道路拥堵状况。由中国政府援建的加德满都环城公路于1977年2月建成通车，全长27千米。从建成之初的市郊环城公路，发展到今天的市中心主干道路。环城公路的历史与中国的改革开放之路几乎同期，既见证了首都加德满都的蓬勃发展，也见证了尼泊尔的民主进程，更见证了历久弥新的中尼友谊。为满足加德满都快速发展对交通承载能力提升的迫切需求，2013年9月，中国政府启动新建成的道路，起点连接中国政府20世纪60年代援建的阿尼哥公路，通往中尼樟木口岸；终点连接中国政府20世纪70年代援建的普里特维公路，通向中尼吉隆口岸及尼泊尔重要旅游城市博卡拉，是中尼"一带一路"互联互通的关键一"环"。[①]

尼泊尔政府在2018年8月2日发布旅游业5年行动计划，希望未来5年每年吸引外国游客超过250万人次。为实现这一目标，尼泊尔政府列出三个主攻方向，即完成在建的几个机场项目、开发新的旅游目的地以及加大与国际游客来源地的联通。老博卡拉机场1958年投入使用，设施如今已很陈旧，不能满足尼泊尔航空运输和经济发展的需求。老博卡拉机场的跑道只有1400米，甚至不足以起降中型支线客机。而正在建设中的博卡拉新机场跑道长达2500米，可供波音737等机型起降，主航站楼将成为整个尼泊尔最现代化的建筑，它将使尼泊尔的航空运输业一举实现与世界接轨。新机场是迄今为止中国援建尼泊尔的最大项目，也是中尼"一带一路"合作的重点工程。新机场建成后将是尼泊尔第二个国际机场，同时也是加德满都国际机场的备降机场。它将加强尼泊尔这个内陆山地国家的对外联系，对其航空业及旅游业发展起到巨大推动作用。尼中跨境电缆开通将有利于从地理上扭转尼泊尔互联网弱势地位。中国方向互联网的接入，使得尼泊尔能够成为连接东亚、南亚、中亚、俄罗斯和中东的枢纽国家，也为中国和东亚国家提供了通达中东和非洲的最短互联网路径。

---

① 中国驻尼泊尔大使馆：《侯艳琪大使在援尼泊尔加德满都内环路拥堵路段改造项目交接仪式上的致辞》，2019年1月29日，https://www.fmprc.gov.cn/ce/cenp/chn/xwdt/t1633594.htm。

（三）经贸合作不断深化

中国重视与尼泊尔的经贸合作。近年来，中尼经贸关系发展迅速，成效显著。中国是尼泊尔第二大贸易伙伴，也是尼泊尔重要投资来源国。根据中国商务部的统计数据，2017 年，中国与尼泊尔贸易总额为 9.9 亿美元，同比增长 11.2%。其中，中国对尼出口 9.7 亿美元，同比增长 12%，中国自尼进口 0.2 亿美元，同比下降 20.4%。2018 年中尼贸易总额为 11 亿美元，其中，中国对尼出口 10.6 亿美元，进口为 0.22 亿美元。

尼泊尔工业局统计数据显示，2015/2016 财年，尼泊尔吸收外资流量为 152 亿卢比，截至 2015/2016 财年，尼泊尔吸收外资存量为 1977 亿卢比。全球有 89 个国家和地区对尼泊尔进行投资，累计投资额达到 1977 亿卢比。中国对尼泊尔投资在 2015/2016 财年名列第一，在 2015/16 财年中，占比高达 41.3%。但是从累计投资总额来看，印度仍然是对尼泊尔投资存量最大的国家，投资额占比达到 40.8%。

表1　2015/2016 财年尼泊尔吸收外资来源地排名统计

国家/地区	投资额（百万卢比）	项目数量（个）	投资额占比（%）
中国	6291.81	128	41.3
英国	2080.88	12	13.7
印度	1946.91	24	12.8
瑞士	1832.13	3	12.1
美国	701.02	40	4.6
新加坡	488	2	3.1

资料来源：尼泊尔工业局。

表2 截至2015/2016财年底尼泊尔累计吸收外资来源地排名统计

国家/地区	投资额（百万卢比）	项目数量（个）	投资额占比（%）
印度	80707	637	40.8
中国（大陆）	28621	977	14.5
中国（香港）	25187	32	12.7
韩国	9404	304	4.7
英属维尔京群岛	7967	14	4.0
美国	7387	324	3.7

资料来源：尼泊尔工业局。

中国企业以工程承包方式积极参与尼泊尔交通、电力等基础设施建设，为尼方发展经济、改善民生发挥了积极作用。例如，中国和尼泊尔两国企业在尼泊尔西部山区合资建造的水电站，2016年9月26日正式并入尼泊尔全国电网开始发电。上马相迪A水电站是2008年之后尼泊尔建成的装机容量最大的水电站，也是中国在尼泊尔投资的首个竣工发电的水电站。上马相迪A水电站位于尼泊尔勒姆宗县，距离首都加德满都约180千米。该水电站装机容量为50兆瓦，总投资1.6亿美元，其中中国电建集团海外投资有限公司占股90%，尼泊尔萨加玛塔电力有限公司占股10%。截至2018年6月，中国投资的水电项目已经完成了4个，11个项目正在建设中，另有14个项目正在财务结算过程中。[①] 中尼充分发挥两国地理相邻优势，推动了双边贸易、旅游、物流、服务等各领域的互利合作。

---

① 《专访尼泊尔能源部长：希望中国对尼泊尔的能源投资继续增长》，《亚太日报》，2018年6月19日。

（四）民间交往日益密切

随着共建"一带一路"的深入，中国和尼泊尔人文交流驶上了快车道。"旅游热"持续升温，出版业和影视业合作也不断拓展。交流形式日趋多样化，交流内容不断丰富——两国人文交流逐渐成为双方共建"一带一路"的重要支柱。

中国为尼经济社会发展提供了力所能及的帮助，援建的国际会议中心、沙拉公路等一批标志性项目已成为中尼友谊的象征。值得一提的是，九层神庙地处加德满都谷地世界文化遗产的核心区，尼泊尔大地震后，美国、日本、韩国、印度等国的相关机构都投入到文物修复工作中来，中国主动承担了最具挑战性的工程之一——九层神庙的修复工作。此项修复工程是中国在尼首个大规模文物援外项目，由来自中国文化遗产研究院等多部门专家组成的工作组承接修复任务。中国在积极参与国际文化遗产保护实践同时，也收获了当地民众对中国负责任大国形象和强大中国力量的积极评价。尼泊尔地方发展部部长加查达尔表示，九层神庙修复工程是中尼合作向多领域扩展的又一见证，"现在有了中国文物保护专家及技术人员的帮助，期待我们的文化瑰宝重放荣光"。加查达尔对中国给予尼泊尔的无私援助表示感谢。他说，2017年中国举办了"尼泊尔旅游年"活动。九层神庙修复工作是尼泊尔重振旅游业的重要措施，中国的帮助将带动尼泊尔旅游业快速恢复。[①]

根据中国教育部统计数据显示，2017年共有来自204个国家和地区的各类留学人员在全国31个省、自治区、直辖市的935所

---

① 邹松：《中国文物援外项目在尼泊尔赢得赞誉：期待我们的文化瑰宝重放荣光》，载《人民日报》，2017年10月30日。

高等院校学习，其中硕士和博士研究生共计约7.58万人，比2016年增加18.62%。"一带一路"相关国家留学生31.72万人，占总人数的64.85%，增幅达11.58%，高于各国平均增速。尼泊尔进入2016年奖学金人数前10位的国家行列，这10个国家依次为：巴基斯坦、蒙古国、俄罗斯、越南、泰国、美国、老挝、韩国、哈萨克斯坦和尼泊尔。"一带一路"相关国家奖学金学生占比61%，比2012年提高了8.4个百分点。此外，随着中尼两国友好关系的不断深入发展，越来越多的尼泊尔朋友愿意学习中文和了解中华文化。尼泊尔教育部开设了初级汉语培训班，教育部官员在下班后赶到加德满都大学孔子学院集体上课学习中文。除教育部外，孔子学院还为尼泊尔外交部，文化、旅游和民航部以及尼泊尔军队总部3个部门专门开设了培训班。尼政府计划2020年定为尼泊尔旅游年，将利用包括由中国驻尼泊尔大使馆主办的尼泊尔旅游人才汉语培训班在内的各种培训机制在2020年前培养1万名汉语专业人才，更好为中国游客服务。[①]

在环境保护方面，喜马拉雅地区发展和环境保护涉及周边多个国家，中国非常重视同该地区国家合作开展保护与研究工作。中国是国际山地综合发展中心（ICIMOD）成员国之一，借助该平台与周边国家开展大量联合研究、人才培训等活动。中国国家自然科学基金委员会（NSFC）通过资助国内研究机构与周边国家研究机构合作，开展喜马拉雅地区跨境合作研究，涵盖地质灾害、生态环境、气候变化、生物多样性、跨境河流水质监测等领域。多家单位、科研机构针对南亚有关国家的温室气体检测、茶叶种植、猕猴桃种植、生物多样性检测等

---

① 中国驻尼泊尔大使馆：《学好汉语言，迎接中国客——驻尼泊尔大使于红大使出席第三期尼泊尔旅游人才汉语培训班》，2018年4月23日，http://www.fmprc.gov.cn/ce/cenp/chn/xwdt/t1553464.htm。

开展技术培训。中国积极参与"冈仁波齐神山圣境保护与发展项目""东喜马拉雅跨境保护与发展项目",与有关国家开展富有成效的跨境合作。

总之,随着"一带一路"倡议的带动效应,中国和尼泊尔之间民间交往不断深入发展,无论是对于尼泊尔人而言,还是整个南亚大陆的可持续发展而言,都是一个积极而友善的促进因素。

二、尼泊尔对"一带一路"倡议下中尼合作的评价

尼泊尔对于"一带一路"带来的发展机遇有较高期待,高度重视与中国开展相关合作。根据国内南亚学者的研究,"对于'一带一路'倡议,尼泊尔国内反应比较积极,很难听到反对的声音,反而是支持'一带一路'倡议下加强中尼合作的声音较为强烈。""从政界到商界,尼泊尔不仅对'一带一路'倡议表示积极支持,且对与中国开展合作充满信心。"[①] 根据我们在尼泊尔加德满都为期一周的调研和实地访谈来看,尼泊尔政府、商界和民间对于"一带一路"倡议的态度总体上是积极的,但是同时也有一些担心,这种担心在民间组织中更为明显。总的来看,尼泊尔政府部门无一例外地高度评价"一带一路"倡议,认为这是尼泊尔发展的重要机遇,为尼泊尔发展做出积极贡献。尼泊尔商界对于"一带一路"倡议下中尼合作也表现出积极甚至急迫的态度,希望能加大步伐开展合作。但是,意见更为多元的当地智库和一些民间

---

① 杨思灵、高会平:《"一带一路":中国与尼泊尔合作的挑战与路径》,《南亚研究》,2017年第1期,第1—21页。

组织在期待的同时表达出些许担心。以下将政府、企业、智库与民间组织的看法归纳如下：

（一）尼泊尔政府对"一带一路"倡议态度积极，希望通过加强与中国的合作来完善尼泊尔的基础设施，吸引更多中国投资

关于中尼在"一带一路"倡议下开展合作，尼泊尔政府表现出非常积极的态度。基础设施是尼泊尔发展的一个制约因素，发展和完善基础设施也成为历届尼泊尔政府的核心关切之一。2015年10月，尼泊尔将"一带一路"倡议下的中尼战略合作作为尼泊尔经济发展和增加就业的重要机遇。2016年3月20－27日，尼泊尔总理奥利应邀首次对中国进行为期7天的访问。对此，尼泊尔国家通讯社称，"奥利总理此次访华，不仅带着尼泊尔对中国的友好情谊，还承载着尼泊尔人民的共同期待，它将开启加强双边商贸合作的大门"，对促进尼泊尔贸易多元化具有"里程碑"式的意义。中国对尼泊尔最近遇到的困难一直"慷慨相助"，尼泊尔对此"非常珍惜"。尼泊尔认为，"自1955年双方建交以来，中国一直是尼泊尔可依靠的朋友和伙伴。"中国一贯尊重尼泊尔的主权、独立和政治制度，尼泊尔也与这个北方邻国保持着友好的关系。[①]2017年8月16日，尼泊尔总统班达里在加德满都会见了到访的中国国务院副总理汪洋。班达里表示，"尼政府和人民珍视同中国的传统友谊，感谢中方对尼国家发展及灾后重建提供的支持和帮助。尼方支持习近平主席提出的'一带一路'伟大倡议，将积极参与'一带一路'建设，推动尼中友好关系和互利合作不断向前发展。"[②] 尼泊

---

① 刘艳苓：《尼泊尔媒体高调评价总理奥利访华》，2016年3月25日，中国西藏网，http://www.tibet.cn/news/focus/1458885541964.shtml。

② 尼泊尔驻上海总领馆，新闻综合，http://www.nepalconsulateshanghai.org.cn/news/currentfocus.htm。

尔总理普拉昌达在尼泊尔2017年基础设施峰会上呼吁包括中国、印度在内的广大国家加大对尼投资。普拉昌达在发言时表示，尼泊尔计划到2030年成为中等收入国家，发展基础设施建设是实现这一目标的重中之重。[1] 在"2018中国—尼泊尔商务论坛"上，尼泊尔总理奥利表示，尼中两国的合作聚焦在跨喜马拉雅互联互通，这将为双边贸易往来和相互投资创造更有利的环境。[2] 尼泊尔驻华大使利拉·马尼·鲍德尔极力推荐尼泊尔旅游，称尼泊尔正在努力提高旅游行业服务质量，在很多城市开展针对媒体、旅游企业和潜在投资者的推介项目，促进中尼旅游文化的发展。他表示，尼泊尔希望借助"一带一路"倡议，使喜马拉雅地区内外实现共同繁荣稳定。[3]

除了自身发展，尼泊尔还希望借助与中国的互联互通，成为连接中国和南亚大市场的纽带。2016年11月19日，中投互贸"一带一路"国际贸易平台（简称"平台"）[4] 全球发布会在尼泊尔首都加德满都举行，来自中国和南盟多个成员国的政要、企业家等约500人参加。尼泊尔副总理兼财政部长马哈拉在发布会上致辞说，尼泊尔希望成为中国与南亚之间的桥梁，并在此过程中实现自身的经济繁荣，"一带一路"倡议为尼泊尔实现这一梦想提供了机遇，尼政府全力支持"平台"在尼泊尔开展投资、贸易等业务。[5]

---

[1] 周盛平：《尼泊尔总理呼吁各国加大对尼投资》，中国一带一路网，2017年2月21日，https：//www.yidaiyilu.gov.cn/xwzx/hwxw/8076.htm。

[2] 郑青亭：《中尼构建跨喜马拉雅立体化网络 跨境铁路迈出实质性步伐》，载《21世纪经济报道》，2018年6月25日。

[3] 于跃：《尼泊尔驻华大使："一带一路"倡议为尼泊尔旅游业带来新机遇》，2017年7月3日，中国一带一路网，https：//www.yidaiyilu.gov.cn/xwzx/gnxw/17991.htm。

[4] 中投互贸"一带一路"国际贸易平台以新华社瞭望智库为智力支持单位，由"一带一路"沿线各国商会、协会等众多机构共同发起，旨在为全球采购商和供应商提供国内国际、线上线下的互通平台。

[5] 周盛平：《中投互贸"一带一路"国际贸易平台受尼泊尔热捧》，载《光明日报》，2016年11月21日。

(二) 尼泊尔商界对于"一带一路"倡议下的合作态度积极甚至迫切

尼泊尔工业联合会副主席夏尔马表示,"如果尼泊尔在'一带一路'背景下加强与中国合作,尼泊尔将获得更多的经济发展机会,比如在商业旅游及文化交流方面,尤其是旅游业,从'一带一路'合作中获得的益处最大。同时,'一带一路'合作也将有利于促进尼泊尔的贸易及投资。"[①] 2018年参加第16次中尼经贸洽谈会的尼泊尔商人 Koka Nath Bhattarai 在采访中表示,"今年是我第4次参加洽谈会,每次我来的时候,都看到生意特别好,西藏的老百姓很喜欢尼泊尔的产品,商品展销会上尼泊尔的产品都卖得特别好。"[②] 尼泊尔工商会前主席苏拉吉认为,"作为位于中印两个崛起大国之间的国家,尼泊尔可以从两者的发展中受益,要实现这一点,互联互通就显得非常重要。正如'一带一路'愿景所展现的那样,在'一带一路'框架下发展尼泊尔的基础设施,能够使中印之间的贸易更多地通过尼泊尔来实现,这最终将使尼泊尔的经济受益。""尼泊尔利用好位于中国和印度之间的地缘战略地位,可以在工业及基础设施领域吸引中国和印度的投资。"[③] 总的来看,尼泊尔商界对于中国市场,中国投资机遇抱有期待,希望双边商务合作能够有更多实质拓展。

---

① Nepal Ministry of Foreign Affair, *How Nepal can benefit from China One Belt One Road Initiative*? https://www.mofa.gov.np.

② 《第十六届中国西藏—尼泊尔经贸洽谈会拉萨开幕》,人民网,2018年10月25日,http://www.xz.people.com.cn/n2/2018/1025/c226388-32203845.html。

③ Nepal Ministry of Foreign Affair, *How Nepal can benefit from China One Belt One Road Initiative*? https://www.mofa.gov.np.

（三）尼泊尔民间对于"一带一路"倡议总体积极，但是存在担忧，态度分歧而多元

相比于尼泊尔政府和商界对"一带一路"在认知上总体呈现积极态度，尼泊尔民间组织对于"一带一路"认知更为多元和复杂。一方面，对于中国推动"一带一路"倡议带来的经济发展机遇有很高的期待，另一方面，对于中国企业在当地的经营，以及引发的一些社会问题表示担忧，其中包括较少雇佣当地工人以及与环境保护有关的问题，也有民间组织在访谈中提出人口拐卖的问题，但是当我们追问相关信息的来源时，得到的回应则是语焉不详。在传媒发达的今天，不实信息对于中尼合作的消极影响还是值得中尼双方政府重视的。正如尼泊尔中国研究中心研究人员提出的，中尼之间存在能力差距和信息差距，这些差距导致了彼此的了解有限，不利于中尼长远合作。

从民间社会角度来看，那些直接受益于中国投资或者援助项目的尼泊尔民众则表现出更为积极的态度，对于中国提出的"一带一路"也更为了解。例如，红狮希望水泥厂项目为当地带来500多个就业岗位，建成后将提供1000多个就业机会。项目所在地的纳瓦萨迪村位于尼泊尔南部蓝毗尼专区纳瓦尔帕拉西县，约有1.9万名村民，占地1000余亩的水泥厂给这个山村带来了繁荣的气息。查特是纳瓦萨迪村村委会主任，谈起水泥厂给当地带来的效益，他表示，"原来村子交通闭塞，村民出入困难，和外界交流少。现在不同了，工厂修路搭桥，不仅大批工人来到村里，而且附近村庄甚至其他地区的人经常来参观水泥厂的建设。水泥厂不仅让当地出了名，还让当地的生意红火起来。"[1]

---

[1] 苑基荣：《中企投建尼泊尔最大水泥厂："一带一路"唤醒沉睡山村》，载《人民日报》，2017年3月23日。

2016年底,《习近平谈治国理政》尼泊尔文版在尼泊尔总统府举行首发式,班达里总统亲自出席并致辞。尼官方媒体《新兴尼泊尔报》借用《共产党宣言》中的著名句式,刊登题为《与中国在一起,尼泊尔失去的只是锁链》的文章,道出了加强对华合作的强烈愿望。派驻中国的尼泊尔媒体人,因为更了解中国,对于"一带一路"倡议的态度更为积极。《新兴尼泊尔日报》资深记者、中国问题研究专家南达拉尔·迪瓦里接受国际在线记者采访时表示,"一带一路"倡议将进一步加深区域合作。他认为,尼泊尔是中国山水相连的友好邻邦,相信一定能从经济、贸易以及投资等领域获得更大的发展机遇。过去五年,中国在扶贫攻坚、反腐倡廉以及科技创新等方面,都取得了举世瞩目的成就。对尼泊尔来说,中国提供了一个可借鉴的发展模式。[1]

之所以会出现对"一带一路"倡议的认知分歧,原因是多重的。在与尼泊尔中国研究中心的座谈中,不少当地学者表示,尼泊尔民众对于中国相关项目信息知悉有限,双方存在信息鸿沟。并且,尼泊尔受到邻国印度的舆论影响比较大,对于"一带一路"认知存在分化和担忧。根据林民旺教授对于印度对"一带一路"的认知研究分析,"印度社会对'一带一路'的看法存在较大分歧。一方面,不少分析认为'一带一路'将给印度经济发展带来重大机遇,印度需要把握机会,另一方面,'一带一路'是中国重塑亚太格局的大战略,将导致中国更大程度融入印度后院南亚,给印度带来长远的战略忧虑。"[2] 从一定意义上看,印度对"一带一路"看法也会间接影响尼泊尔。

---

[1] 鱼泓:《尼泊尔媒体人:"一带一路"倡议将进一步加深区域合作》,2017年10月23日,中国一带一路网,https://www.yidaiyilu.gov.cn/ghsl/hwksl/31143.htm。

[2] 林民旺:《印度对"一带一路"的认知及中国的政策选择》,载《世界经济与政治》,2015年第5期,第42页。

尼泊尔民间组织和智库对于中尼合作的看法不同,除了不了解真实信息或者信息不充分等原因外,可能还有一个现实原因不容忽视。21世纪以来的近20年里,尼泊尔王室倾覆和国家政权更迭,造成尼泊尔政局极不稳定,政府治理能力低下的直接社会结果是大量的民间组织涌现。尼泊尔有统计的近4万个民间组织存在并不是一个虚构的数字,在与当地民间组织座谈中,不少民间组织代表表示,由于政府无力治理社会,社会只能自救。有着不同职能和目的的民间组织大量涌现,其背后的资金来源、政治势力和价值理念支撑也非常复杂。因此,包括部分智库在内的民间组织很自然地对于中国提出的"一带一路"倡议,以及在此倡议下开展的合作项目表现出不同的利益诉求和声音。

三、中国对"一带一路"倡议下中尼合作的评价

对于加强与尼泊尔的合作,中国政府将其放在构建人类命运共同体和维护地区稳定的大局中考虑,特别是与西藏接壤地区的稳定尤为重要。回顾中尼建交的60多年历史,中国援建的阿尼哥公路、布里特维公路、国际会议中心、武警学院等工程都说明了中国对尼泊尔的重视。患难之中见真情,这句话用在中尼关系中并不为过。2015年大地震来临,中国在受地震影响的西藏自治区抗震救灾的同时,第一时间向尼泊尔伸出援手,帮助尼泊尔开展救援和灾后重建。中国的快速反应折射出中国对于这一南亚邻居的关切。诸如此类的急尼泊尔之所急的事情并非个案,在尼泊尔面临燃油短缺的情况下,中国努力克服恶劣的地理环境条件,首次实现高原燃油的运送,解了尼泊尔燃眉之急。中国企业界历来对于周边国家的投资合作情有独钟,与非洲和拉美地区相比,东南

亚、南亚与中国毗邻，是中国企业"走出去"的首选，因此对于尼泊尔的投资开发前景也抱有积极期待。中国民众对于尼泊尔的了解更多地是从旅游，特别是其作为佛祖释迦牟尼诞生地的独特性关注，对于尼泊尔这个并不遥远但是也并不熟悉的国家，充满浪漫的好感。

（一）中国政府高度重视"一带一路"倡议下推进与尼泊尔的全方位合作

2015年中尼建交60周年之际，外交部长王毅同尼泊尔副总理兼外长塔帕会谈后表示，无论是地震来临，还是尼泊尔政治转型之时，两国始终患难与共，彼此尊重，相互支持。不断开辟新的合作前景，共同努力，进一步发展世代友好的中尼全面合作伙伴关系。[1] 中国商务部发布的《对外投资合作国别（地区）指南：尼泊尔》（2017年版）[2] 详细介绍了尼泊尔的投资贸易环境，其中第五和第六部分特别介绍了中国企业到尼泊尔开展投资合作应该注意哪些事项，以及中国企业如何在尼泊尔建立和谐关系。体现了中国政府对于完善和加强与尼泊尔经济合作的诚意和努力。

中国积极支持并全面参与了尼经济社会的发展，在电力开发、基础设施、通讯光缆、农业技术、教育卫生、旅游航空等领域不断扩大与尼泊尔的合作，帮助尼实现经济社会发展。特别是在民生领域，自1998年以来，中国已连续向尼泊尔派遣11批医疗队，长期在中国援建的BP柯伊拉腊肿瘤医院为病患服务。[3] 2019年是

---

[1] 《王毅谈中尼推进合作的八项共识》，新华网，2015年12月25日，http://www.xinhuanet.com/world/2015-12/25/c_1117584307.htm。
[2] http://www.fec.mofcom.gov.cn/article/gbdqzn/upload/niboer.pdf。
[3] 于红：《叙往昔，谈今朝，话未来——致贺中尼建交63周年》，2018年8月1日，中国驻尼泊尔大使馆，http://www.fmprc.gov.cn/ce/cenp/chn/xwdt/t1582087.htm。

中国向尼派出医疗队 20 周年。2019 年 3 月，中国援助尼泊尔第 11 批医疗队尚未回国，第 12 批医疗队已经到达尼泊尔，医疗援助为"一带一路"国际合作和增进中尼民众友好感情做出了重要贡献。①

中国并不仅仅从双边领域加强对尼合作，还通过联合国等多边组织加强对尼泊尔的援助和支持。2017 年 8 月，尼泊尔持续强降雨，导致全国 77 个县中的 35 个地区发生洪灾。根据联合国开发计划署在尼泊尔 28 个地区展开的"初步快速评估"显示，约 170 万人遭受洪灾，大约 160 人丧生，21000 多个家庭流离失所。为了支援尼泊尔灾后重建，中国于 2017 年 11 月通过南南合作援助基金，向联合国开发计划署提供资金，支持尼泊尔灾后重建。向受洪灾影响的 31800 户家庭分发非食品援助包，包含生活必需品、经长效杀虫剂处理的蚊帐、清洁炉、灶、滤水器和卫生用品，共计 186600 人受益。②

（二）中国企业界对于开拓尼泊尔市场抱有期待

目前，中国是尼泊尔第二大贸易和投资伙伴，第二大外国游客来源地，最主要的发展合作伙伴之一。中国企业在尼泊尔的投资不断增长，投资领域包括水电站、航空公司、建材、餐饮服务、中医诊所等。同时，中国企业积极参与尼承包工程项目，在道路、水电站、输变电工程、机场建设中承担重要角色。中国政府一直大力支持有信誉、有实力的中国企业扩大对尼投资，加强与尼企业的合作，共同促进尼经济和社会的繁荣与发展。

---

① 《侯艳琪大使会见援尼泊尔第 11、12 批医疗队》，2019 年 3 月 11 日，中国驻尼泊尔大使馆，https://www.fmprc.gov.cn/ce/cenp/chn/xwdt/t1644611.htm。
② 国家国际发展合作署："中国政府通过南南合作援助基金支持联合国开发计划署在多米尼克、安提瓜和巴布达、孟加拉、尼泊尔、巴基斯坦 5 国实施灾后救援项目"，2019 年 2 月 27 日，http://www.cidca.gov.cn/2019-02/26/UNDP_Aid.pdf。

表3　尼泊尔主要中资企业一览表

企业	行业
葛洲坝集团公司	电力业
中国水电建设集团公司	电力业
中国水利电力对外公司	电力业
中国海外工程有限责任公司	建筑业
中国国际航空公司	航运业
中国南方航空	航运业
中国东方航空	航运业
四川航空	航运业
喜马拉雅航空公司	航运业
格林福德国际货物运输代理有限公司	物流业
中工国际	建筑业
华为	电信业
中兴通讯	电信业
中鼎国际工程有限公司	建筑业
中国通信服务集团公司	电信业
华中电力	电力业
特变电工	电力业

资料来源：驻尼泊尔经商参处。

不仅仅是对基础设施领域的投资，中国民间企业在尼泊尔当地的投资也是相当积极。在尼泊尔加德满都开了几年饭馆的马占荣认为，当地商机越来越多，餐饮市场潜力大。他表示，"2013年我来到尼泊尔，到现在已经开了3家拉面馆和一家美食城，平均每家餐馆每天收入6万尼泊尔卢比。""当地基本上没有高端的中国清真餐，所以我把餐厅改造提升了一下，定位于高档清真餐厅。"对于尼泊尔市场抱有期待的不只是马占荣。在尼泊尔举办的第六届国际贸易展览会上，甘肃有20家企业组团参展，展出了农产品、日用品、民族用品、服饰、装饰材料、工艺品等百余种商品。5天时间，甘肃企业签下的贸易订单额超过百万美元。李波在展会上签订了每月100个车皮的货物运输计划，将开辟中国西部专线，实现公铁点对点联运。为深耕尼泊尔市场，凯达物流甚至建立了由20多个营销商组成的队伍。"尼泊尔是一个潜力很大的市场，这也充分反映了尼泊尔与中国的贸易额在扩大。"甘肃穆萨正通国际物流公司总经理张世平介绍说："通过国际货运班列，我们打通了国内至尼泊尔、印度专线运输，市场占有率一度达到75%。"他所在的公司已经在尼泊尔首都加德满都设有子公司，在广州、义乌、兰州、成都、福建、河北等地设有分公司或分部，在西藏拉萨、吉隆和樟木口岸设有转运库，运营总面积超过2万平方米，平均每年运送货物总价值超过20亿元。张世平说："下一步要在尼泊尔建立一个海外仓，扩大现代物流，提高通关速度，缩短运输周期，降低物流成本。"[①] 2016年5月，甘肃开出了第一列"兰州号"南亚公铁联运国际货运班列，从兰州出发至日喀则，通过吉隆口岸进入尼泊尔境内，最终到达加德满都，这趟国际货运班列目前已经实现了常态化运营。总的来看，虽然尼泊尔投资环境并不理想，但是从长远看，中国企业界对于更多投资尼泊尔市场抱有积极期待。

（三）中国民众对尼泊尔关注度上升，尼泊尔作为中国人旅游目的地的热度上升

中国和尼泊尔之间已开通拉萨、成都、昆明、广州、西安、香

[①] 陈发明：《甘肃企业南下尼泊尔"淘金"》，载《经济日报》，2017年4月25日。

港至加德满都的航线，每周往来 90 个航班。中国赴尼游客人数不断上升，是尼泊尔第二大游客来源国。据尼泊尔移民局统计，2017 年 1－10 月，尼接待外国游客人数 757448 人，同比增长 25.47%。前五位客源国依次为印度（133029 人）、中国（83342 人）、美国（65204 人）、斯里兰卡（41126 人）和英国（40344 人）。其中，10 月当月接待游客 112492 人，创下单月人数峰值。

尽管从中国各主要旅游门户网站看，关于尼泊尔旅游的评价毁誉参半，主要诟病的是当地的基础设施条件和落后的旅游服务。但是，从数据上看，尼泊尔依然高居中国人出境户外游项目的榜首。中国途牛旅游网发布的《2016—2017 年度"撒野"报告》显示，在出境方向，尼泊尔、马来西亚、日本、瑞士、巴厘岛、泰国、斯里兰卡等目的地受到中国户外游客户青睐，尼泊尔排在首位。在户外游项目中，徒步、登山、露营、滑雪、摄影持续热门。其中，徒步类目凭借 45% 的出游人次占比最为火爆，而滑雪类目则在冬季尤其受到欢迎。此外，潜水、滑翔伞等小众活动参与者显著增加。[1]

四、结语

尼泊尔虽然是一个内陆小国，但是她的宗教、民族、文化、自然资源的多样性，使其成为南亚地区独具魅力的国家。中国提出"一带一路"倡议，秉持共商、共建、共享原则，不仅推动了尼泊尔经济社会的发展，而且也为当地百姓生活带来了切实的改善。尼泊尔和中国在政府层面已经建立起了平等互利的合作共

---

[1] 途牛：《2016—2017 年度"撒野"报告》，2017 年 3 月 21 日。

识，双方企业界也在不断拓展的双边合作中发现和扩大商机，相信民间交往也能在不断深化的过程中建立更多互信。我们有理由期待，尼泊尔的经济发展会越来越好，中尼世代友好的明天会更加灿烂。

第二章
中国对尼泊尔的援助

尼泊尔是世界上最不发达国家之一，经济发展长期并高度依赖国际援助。2015年大地震后，尼泊尔更是面临经济增长停滞不前、收入差距较大、过度依赖农业收入和侨汇、贸易赤字不断扩大、国内储蓄率低等挑战。中尼两国是山水相连的友好邻邦，两国关系已成为不同政治制度、不同大小国家友好相处的典范之一。中国对尼泊尔不附加条件的援助，对双方都具有重要意义。本章简要介绍20世纪50年代以来尼泊尔接受援助的总体情况和近年来优化对外援助管理的举措，并对中国援助尼泊尔的历史，特别是近年来中国援助尼泊尔的规模和重点项目案例进行梳理和介绍，以期全面展现中国对尼泊尔的援助实践、特点和效果，为深入理解中国的对外援助政策提供一个翔实的案例。

一、尼泊尔接受援助整体情况概述

尼泊尔接受国际援助已有近70年的历史，对外援助长期在尼泊尔社会经济发展中占有重要地位，是尼泊尔经济发展的主要依靠。

（一）尼泊尔早期接受援助的情况（2009年前[①]）

尼泊尔自1951年起开始接受援助。美国是第一个向尼泊尔提供援助的国家，并在20世纪60年代末以前，一直保持着尼泊尔最大援助国的地位。这一时期，美国对尼泊尔的援助主要集中于预算支持、东西向公路建设以及农村和农业发展项目，并向尼泊尔提供了上千名经济和政策顾问。

从国际援助占尼泊尔政府开支的比重看，尼泊尔1956年至2003年间经历了较大的波动。落实第一个五年（1956—1961年）计划的资金几乎全部来自外援，到第四个五年计划（1970—1975年）时，外援占尼泊尔公共部门的开支的份额下降到45%，但第七个五年计划（1985—1990年）时又升至75%，第八个五年计划（1992—1997年）期间回落至65%，第九个五年计划（1997—2003年）期间进一步降低至58%。受尼泊尔国内政局持续动荡、反政府武装活动不断升级等因素影响，2003年下半年，国际社会对尼泊尔的援助承诺下降超过50%。尼泊尔外援下降使其经济发展受到严重影响，政局混乱状态加剧，引起援助国和国际社会的关注。

从援助形式看，1960—1961财政年度[②]前，尼泊尔接受的外援几乎全是无偿援助。尼泊尔于1963年第一次接受贷款援助，当年贷款占整个援助预算的9.7%，之后逐渐上升，到1980—1981财政年，贷款援助所占份额达到了48%。

[①] 由于系统数据的可获得性原因，本报告以2010年为节点。
[②] 尼泊尔财政年度为7月16日至次年7月15日。

从援助国来看，尼泊尔的主要援助国包括中国、美国、印度、日本、苏联、英国、瑞士、澳大利亚、新西兰等国，援助主要以双边援助为主。目前，苏联和新西兰不再向尼泊尔提供援助。美国直到20世纪60年代末一直是尼泊尔的最大援助国，1970年后期日本成为最大的双边援助国。从20世纪70年代开始，多边援助开始发挥重要作用，多边援助金额曾一度超过整个预算的70%。世界银行从20世纪80年代后期开始一直是尼泊尔的最大援助方。

从援助的目的看，美国早期向尼泊尔援助的考虑主要是基于防止"共产主义"的扩张，担心中国在尼泊尔的影响增大并通过尼泊尔"渗透"印度北部平原地区。随着中美关系的改善以及冷战的影响，美国不再视中国为尼泊尔的主要威胁。另外，更多的援助国开始向尼泊尔提供援助，美国对尼泊尔的援助占所有援助的份额也从1962—1965年的40%下降到1976—1985年的12%。印度对尼泊尔的援助则主要是为了维护其对尼泊尔的传统影响力，并抗衡中国在尼泊尔的影响，早期援助主要集中于行政改革、交通、电信、灌溉和饮用水等领域。1962年中印战争后，印度对尼泊尔的援助开始以安全为导向，并试图减少其他国家对尼泊尔的影响，援助重点也开始转向主要边界地区和尼泊尔主要乡镇的互联互通、通信系统以及战略机场（加德满都国际机场）等。20世纪60年代后期，虽然印度本身仍然是个接受大量援助的发展中国家，但已成为尼泊尔的主要援助国。

从援助重点看，尼泊尔按受国际援助的重点与国际发展援助的整体趋势相近。20世纪50年代的援助主要集中于农业、交通基础设施和电力等行业，在60年代转向教育、卫生等基本需求领域，并在90年代开始以民主、良治和经济自由化等为援助重点。

（二）尼泊尔近年接受援助情况（2010—2016 年）

尼泊尔自 2012 年起开始发布年度《发展合作报告》，详细说明接受援助的规模、形式、重点行业以及主要援助方等内容。需要说明的是，该报告的数据主要来源于各援助方在尼泊尔财政部"援助管理平台"上的申报，其准确性仍有待核实。例如，部分援助方特别是印度、中国等南南合作提供者提供的数据并不完整，有些经合组织发展援助委员会成员国直接通过国际民间组织开展援助，这一数据也长期未纳入该报告的统计当中。尽管如此，发布年度《发展合作报告》不失为一项有益的尝试，为尼泊尔政府掌握接受援助的整体情况提供了基础，也为外界了解和分析尼泊尔接受的援助情况提供了可靠的数据来源和便利。

从规模上看，2010—2016 年，尼泊尔接受援助的金额一直维持在 10 亿—11 亿美元[①]（见图 1）。这一时期，多边援助机构，包括多边金融机构（世界银行和亚洲开发银行）、联合国系统机构、欧盟和抗击艾滋病、结核病和疟疾全球基金等，对尼泊尔的援助占总援助的一半以上。主要双边援助国包括英国、日本、美国、挪威、瑞典、澳大利亚、丹麦、芬兰、德国、荷兰、韩国、瑞士等。中国、印度、沙特阿拉伯和科威特是南方国家中向尼泊尔提供援助的主要国家。同时，近年来，国际非政府组织对尼泊尔的援助金额也在不断上升。虽然无偿援助和贷款援助的比例每年不尽相同，但是除少数年份如 2012—2013 财政年度贷款援助占 53% 外，无偿援助仍是主要形式。2010—2016 年尼泊尔接受援助情况

---

① 所有数据来自于尼泊尔当年的《发展合作报告》，但这些数据并不完整，例如，报告就明确表示，这些预算并不包括印度和中国向尼泊尔提供的奖学金、培训和考察等技术援助。另外，中国向尼泊尔"在线管理平台"报告的数据也不完整。

如下：

1. 2010—2011财年：总共接受10.08亿美元援助，约58%来自于多边机构，36%来自于发展援助委员会成员，另外6%来自于南南合作伙伴。多边机构主要援助方包括世界银行，亚洲开发银行，联合国机构，欧盟以及抗击艾滋病、结核和疟疾全球基金等。前五大援助国包括英国（9261万美元）、日本（5870万美元）、印度（5073万美元）、美国（4850万美元）和挪威（3280万美元）。

2. 2011—2012财年：总共接受10.4亿美元援助，57%来自于多边援助机构，43%来自于双边机构。其中，世界银行提供2.696亿美元，亚洲开发银行为1.934亿美元，联合国系统为1.08亿美元，欧盟为4397万美元。前五大援助国包括英国（8424万美元）、印度（5062万美元）、日本（4409万美元）、挪威（4168万美元）和德国（3883万美元）。

3. 2012—2013财年：总共接受9.6亿美元援助，49%来自于多边机构，41%来自于发展援助委员会成员，10%左右来自于以印度和中国为主的南方国家。其中，世界银行提供2.32亿美元，亚洲开发银行为1.01亿美元，联合国系统为6822万美元，抗击艾滋病、结核和疟疾全球基金2824万美元和欧盟2807万美元；前五大援助国包括英国（8999万美元）、美国（6719万美元）、日本（6575万美元）、印度（6381万美元）和瑞士（4176万美元）。

4. 2013—2014财年：总共接受援助10.36亿美元，51.6%来自于多边援助机构，39.8%来自于双边援助国，8.6%来自于印度和中国等南方国家。其中，世界银行提供了2.77亿美元，亚洲开发银行为1.56亿美元，欧盟为5161万美元，联合国机构为2668万美元，抗击艾滋病、结核和疟疾全球基金为1128万美元。双边援助上，英国提供了近1.51亿美元，印度为4779万美元，美国为4536万美元，中国为4138万美元，日本为4059万美元。同时，国际非政府组织提供了7608万美元①。

5. 2014—2015财年：总共接受援助金额11.3亿美元。其中，官方发展援助10.2亿美元，占90%，国际非政府组织1.17亿美元，占10%。官方发展援助中45%由多边机构提供，其中世界银行提供1.88亿美元，亚洲开发银行为1.48亿美元，联合国系统为4424万美元，欧盟为3138万美元，抗击艾滋病、结核和疟疾全球基金为2206万美元。另外55%来自于双边援助国，主要包括英国（1.68亿美元）、美国（1.33亿美元）、日本（3987万美元）和瑞士（3247万美元）。

6. 2015—2016财年：总共接受援助金额10.74亿美元。多边援助机构提供的援助超过58%，双边援助为42%。世界银行提供了2.44亿美元，亚洲开发银行为2.18亿美元，联合国系统为1.14亿美元，欧盟为2948万美元，国际农业发展基金为922万美元。双边援助方面，美国是最大的援助国，提供了1.19亿美元，英国为8947万美元，日本为591万美元，瑞士为698万美元，印度为576万美元。国际非政府组织的援助金额也提升到新的高度，达到1.68亿美元。

值得一提的是，2015年尼泊尔特大地震发生后，来自全球50多个国家及国际组织代表在加德满都出席尼泊尔灾后重建国际会议。主要援助方总计承诺向尼泊尔提供41亿美元援助，包括印度政府承诺提供14亿美元，中国政府承诺提供7.6693亿美元，亚洲开发银行和世界银行分别承诺6亿美元和5亿美元，日本为4.26亿美元，美国为1.3亿美元，欧盟为1.1748亿美元，英国为1.1亿美元。其他如国际货币基金组织、德国、沙特、荷兰、瑞士、挪威、加拿大、韩国、瑞典、澳大利亚、斯里兰卡、芬兰、土耳

---

① 2014年首次申报。

其、奥地利、巴基斯坦和孟加拉等国也承诺向尼泊尔灾后重建提供帮助。

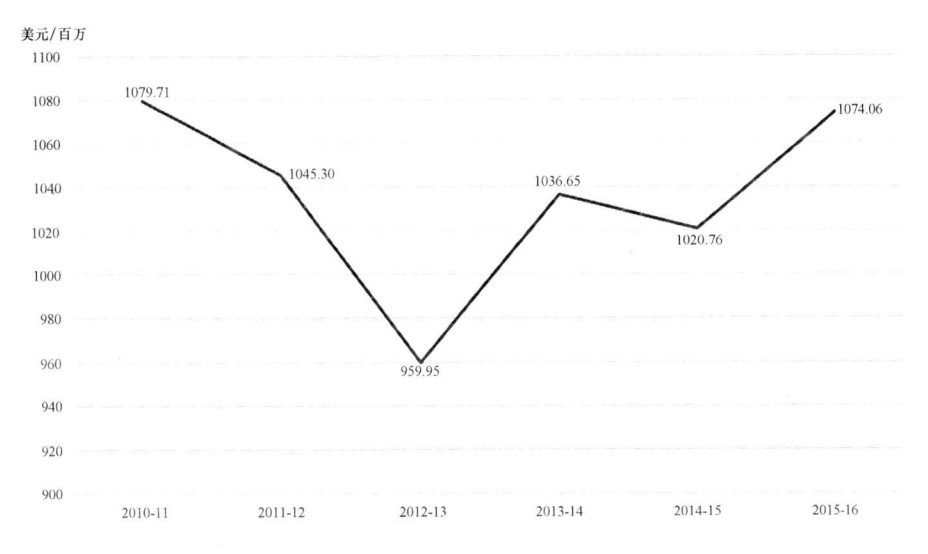

图1 尼泊尔2010—2016年接受援助整体趋势

二、尼泊尔对外援助管理模式

由于对外援助在尼泊尔经济社会发展中占据着重要地位，尼泊尔政府近年来非常注重优化对外援助的管理。尼泊尔财政部是接受援助的"窗口"单位，负责援助的整体协调工作，包括根据国家发展的优先领域对资源进行分配等。财政部内设有对外援助协调司，负责监管和协调所有与官方援助[①]相关的事务，包括提出国内需求、项目准备、可行性评估、项目协商以及签署项目协议等。

---

① 国际非政府组织的援助由妇女、儿童与社会福利部下属的项目分析与促进委员会管理。

近年来，尼泊尔更是配合国际发展合作改革等要求，积极参与和落实《巴黎协定》《釜山有效发展合作伙伴关系成果文件》等国际援助有效性议程，加强援助协调统一和透明度等方面的工作。2010年，尼泊尔财政部启动"在线援助管理平台"。2014年，尼泊尔内阁政府颁布具有规章性质的《发展合作政策》。财政部也通过援助方会议、绩效评估、发布年度《发展合作报告》等措施，确保援助资金与国家发展重点的一致性，以及援助资金的透明度和可预测性。尼泊尔在加强援助管理方面的努力受到了主要援助方的认可，并成为部分不发达受援国管理援助的学习榜样。

（一）尼泊尔发展论坛

尼泊尔发展论坛创建于1976年，前身为"尼泊尔援助集团"。该论坛致力于通过对话、互动和有效沟通，加强发展伙伴、政府与公民社会的相互理解。发展论坛的参与方包括发展援助委员会援助国、国际金融机构和政府间国际组织。论坛的目标包括：加强尼泊尔政府和主要发展伙伴关于资源可获得性和有效性的理解和沟通；通过评估项目实施过程中的进展与挑战，设计新的改革议程；为制定新的对外援助政策和国家援助有效性行动计划提供磋商等。

2002年2月，为了进一步加强协调，提高接受援助的效率，促进尼泊尔全面发展，尼泊尔政府和世界银行在加德满都联合主办"援助尼泊尔发展论坛"，来自日本、美国、英国、法国、德国、澳大利亚、挪威、世界银行和亚洲开发银行等23个国家和国际组织的80多名代表参加了会议。印度、中国和俄罗斯的代表也作为观察员参加了此次会议。与会各国和国际组织的代表就如何向尼泊尔提供更多援助和如何有效使用援助资金来帮助尼泊尔尽快摆脱贫困等问题进行了广泛和深入的探讨，开启了尼泊尔援助有效性讨论的先河。

(二)《发展合作政策》文件

2014年，尼泊尔正式颁布《发展合作政策》文件，指出尼泊尔接受援助的最终目标是建设一个自给自足的经济体和繁荣民主的国家，到2022年前摆脱最不发达国家地位。针对尼泊尔援助面临的高度碎片化、援助和执行机构较多、项目较小以及协调和管理成本巨大等问题，政策文件提出了一系列改进措施。

一是引入最低援助"门槛"制度，以减少援助碎片化，使援助活动更加集中。新的"门槛"要求除小额社区或农村发展、技术援助、能力建设及人道主义援助赠款外，单个项目的无偿援助额度需至少500万美元以上；除含有高科技转移外，单个优惠贷款项目需1000万美元以上；商业贷款必须达到2000万美元以上才能获批。

二是针对不同援助形式规定了优先领域或行业。例如，无偿捐助主要用于农村基础设施发展和卫生、教育、饮用水、人力资源等社会发展行业；优惠贷款主要用于基础设施、农业和旅游业开发；其他贷款主要用于水电开发、道路和桥梁建设、铁路、机场以及大型灌溉项目等。尼泊尔政府还鼓励各援助方使用尼泊尔本国的体系和机构来开展援助和执行项目。

三是强调援助的透明度和问责性，要求所有援助，包括技术援助以及国际非政府组织的援助都必须在"援助管理平台"上申报。

四是对发展伙伴方的主要责任进行了规定，包括符合尼泊尔国家发展规划和优先领域、减少附加条件、报告援助信息、减少援助的碎片性和交易成本、不能绕过政府部门直接开展合作等。

《发展合作政策》还对技术援助、人道主义援助、非政府组织援助、南南合作、与私营部门的伙伴关系、政策实施与协调机制、政府与援助方联系会议机制等提出了指导性意见,并对援助资金免税以及援助项目人员往来的签证等事宜做了规定。

三、中国对尼泊尔的援助

中国是一个发展中国家,因此对尼泊尔的援助属于南南合作。1956年至2015年的近60年里,中国对尼泊尔援助,各类项目达110多个[①],对尼泊尔的交通、工业、医疗、教育、公共设施等方面进行无条件援助,受到了尼泊尔各界人民的欢迎和认可,对尼泊尔的社会经济发展做出了持久、建设性的贡献。除中央政府外,西藏自治区也向尼泊尔提供了各种灵活多样的援助,并不断加大了对尼泊尔的援助力度,2014年将每年对尼泊尔援助金额由500万人民币增加至1000万人民币,主要用于尼泊尔北部山区的农业、医疗、教育等方面。本节旨在全面回顾中国对尼泊尔援助的历史,介绍中国对尼泊尔援助的主要项目,并探讨中国援助尼泊尔的目标、特点、成绩和挑战。

(一)中国对尼泊尔援助的历史发展

中国对尼泊尔的援助可以大致分为以下三个阶段:
1. 早期阶段(1950年至20世纪80年代末)
中国对尼泊尔的援助始于尼泊尔提出的援助请求。1956年1

---

① http://www.politics.people.com.cn/n/2015/0515/c70731-27006656.html.

月，尼泊尔新任首相阿查里雅在发表就职谈话时表示希望得到中国的经济援助。对此，中国表示可以考虑，待时机成熟后便可就中国西藏地方与尼泊尔之间的交通和贸易关系问题进行协商。1956年1月29日，尼泊尔首相阿查里雅宣布外交政策纲领时说，愿意接受包括苏联、中国在内的任何外国的没有附带条件的援助，以及促进和一切民主国家的友好关系。1956年4月，时任国务院副总理乌兰夫访问尼泊尔时表示，中国关心尼泊尔的经济发展，乐意并准备扩展与尼泊尔的经济合作并促进双方之间的相互援助。1956年9月26日至10月7日，阿查里雅首相首次访问中国，中尼双方签署了《中华人民共和国政府和尼泊尔王国政府经济援助协定》，规定中方在协定生效后3年内，无偿地援助尼泊尔王国6000万印度卢比。双方还对该笔援款做了详细规定，在6000万印度卢比中，1/3分期给予现汇，2/3用于提供机器、设备、材料和其他商品，具体由两国政府另行商定。协定同时强调，和平共处五项原则是双方签订协定的基础，中国对尼泊尔的援助无任何附加条件，对于尼泊尔资金的使用也不作干涉，可以自主使用，该笔援助为尼泊尔国内进行五年计划建设赢得了资金与技术支持，提高了政府的威望。

1960年3月，尼泊尔新任首相柯伊拉腊访华，两国政府公开发表了联合公报、签订了边界问题协定和经济援助协定。《中华人民共和国政府和尼泊尔国王陛下政府经济援助协定》规定，"为了帮助尼泊尔国王陛下政府发展经济，中华人民共和国政府愿意在本协定生效后的三年内，给予尼泊尔国王陛下政府以无偿的、不附带任何条件和特权的经济援助。援助金额为1亿印度卢比。这项援款连同1956年中尼经济援助协定规定而尼泊尔国王陛下政府尚未动用的剩余的4000万印度卢比，共为1.4亿印度卢比，在本协定有效期内，由尼泊尔国王陛下政府根据双方商定的经济援助项目，分期使用。"① 协议还规定，中国技术人员和工人可以帮助实施援助项目，并规定中国专家与当地居民同吃同住。之后，中国政府根据尼泊尔政府的实际需要，在教育、交通、水力发电、水泥、造纸等方面提供了经济援助，并分批派遣40名技术专家赴尼泊尔履行协定中的相关规定，另有多名尼泊尔人员赴中国接受专业技术训练。此次援助协定也得到了尼泊尔国内的高度评价。尼泊尔《独立新闻》社论指出："友好国家的经济帮助使我国正在进步。由于缺乏资金和工业，我们面临着许多困难。中国表示了它的深厚的友情，无条件地给予我们一亿印度卢比的援助"。"更令人满意的是，如果在规定期限内，援款尚未使用完毕，可以延长协定的有效期。"②

1961年10月，马亨德拉国王访华时，中尼两国签署了《中华人民共和国政府和尼泊尔国王陛下政府关于修建公路的协定》，在1962年7月1日至1966年6月30日的时期内，分期给予尼泊尔政府以无偿的、不附带任何条件和特权的经济援助，用以修建尼泊尔境内的公路，包括提供技术和修路所需要的机械和物资，援助金额为350万英镑③。特别值得一提的是，即使在中国面临自然灾害的困难时期，中国政府依然努力兑现帮助尼泊尔的承诺。1961年，周恩来向尼方指出："由于我国遭受连续三年的自然灾害，今年我们进口粮食，所以我们的外汇也是很困难的。我们今年没有对其他国家提供外汇援助。考虑到尼泊尔的情况，中尼关于四项

---

① 林良光、叶正佳、韩华：《当代中国与南亚关系》，中国社会科学出版社，2001年版，第273—274页。
② 周振："20世纪50—60年代新中国对尼泊尔援助问题探究"，《当代中国史研究》，2017年9月，第24卷第5期，第101—102页。
③ 林良光、叶正佳、韩华：《当代中国与南亚关系》，中国社会科学出版社，2001年版，第279—280页。

经济援助的协定中的那笔1000万卢比可以在今年或明年预支一部分"①。

1964年，中尼签署补充议定书，由中方帮助尼泊尔修建西藏至加德满都公路的尼泊尔段，全长170千米，计划耗资1750万卢比。1967年5月，中尼签订中国帮助尼泊尔建设逊科西水电工程议定书。该水电站耗资7000万卢比，1969年动工，1972年11月竣工。1973年，两国政府商定由中方为维修该水电站提供技术援助②。1972年11月，中尼两国签订经济技术合作协定，由中国统一提供3亿卢比贷款，用于修建纳扬加特—廓尔喀公路，在加德满都—巴克大浦之间架设无轨电车服务设施，建设一座纺织厂和扩建砖瓦厂等③。

据统计，1956年至1985年间，中国共向尼泊尔提供了12.433亿卢比的援助，在所有双边援助国中仅次于印度和美国（见表1）。中国当时对尼泊尔提供援助具有多方面的考虑：一是地缘政治原因，包括平衡尼泊尔与印度的关系等。当时，尼泊尔的外交关系仍由印度处理，事实上，许多观察家认为尼泊尔当时仍是印度的附属国。二是1951年西藏解放后许多藏民逃亡到了尼泊尔，并在尼培育反华势力。三是中国也希望在第三世界得到尼泊尔的支持④。20世纪50年代末60年代初，中国处在一个复杂的国际环境中。东西方冷战的大格局仍在持续，中国与苏联的裂痕在苏共二十大之后却在逐渐增大，新中国建国初期所确立的"一边倒"的

---

① 周振："20世纪50—60年代新中国对尼泊尔援助问题探究"，《当代中国史研究》，2017年9月，第24卷第5期，第102—103页。

② 林良光、叶正佳、韩华：《当代中国与南亚关系》，中国社会科学出版社，2001年版，第291页。

③ 林良光、叶正佳、韩华：《当代中国与南亚关系》，中国社会科学出版社，2001年版，第293页。

④ Narayan Khadka, "Foreign Aid to Nepal: Donor Motivations in the Post-Cold War Period," Asian Survey, November 1997, p. 1047.

外交策略实际上已名存实亡，中国外交面临新挑战，中国除了要面对西方国家的威胁外还要担心苏联的野心。在中苏关系紧张的情形下，中印之间的边界争端也在逐渐升级，中国与尼泊尔解决历史争端、划定边界正是在这样的历史大背景中进行的。

表1　1956—1985年间主要国家对尼泊尔援助情况（百万卢比）

援助国	"一五"（1956—1961）	"二五"（1961—1965）	"三五"（1965—1970）	"四五"（1970—1975）	"五五"（1975—1980）	"六五"（1980—1985）	总计
中国	32.1	59.8	153.1	213.2	307.7	477.4	1243.3
印度	82.1	150.9	551.1	569.1	643.6	1082.5	3149.4
苏联	8.5	121	18.8	7.8			156.1
英国	3.7	9.7	13.7	146.1	438.9	501	1113.1
美国	222.4	295.2	219.9	211.5	281.2	599.8	1855
其他双边机构	34.1	25.8	11.3	112.3	872.1	2193.6	3249.2
多边机构	—	—	—	249	1697.3	5730.9	7677.2

Source：HMG, Economic Affairs Report, Economic Planning Ministry, vol. III, No.1, February 1985。

从1956年至20世纪80年代末，中国援助尼泊尔的典型项目包括连接西藏至加德满都的阿尼哥公路（the Arniko Highway）、加德满都内环环路（the Ring Road）、连接加德满都至博克拉的普利思维公路（Prithivi Highway）、博克拉至巴戈隆（Baglung）公路（全长73千米）、加德满都至巴德岗公路（Kathmandu-Bhaktpur Road）、廓尔喀至纳拉扬哈公路（Gorkha-Narayanghat Road，全长61千米）、博克拉至松科公路（Pokhra-Surkhet Road）、孙柯西（Sunkoshi）水利工程、博克拉水利灌溉工程、希托拉（Hetauda）

棉纺织厂、巴德岗砖瓦厂、西塔乌拉（Hitaura）水泥厂、巴里克迪（Bhrikuti）日生产量达到20吨的纸浆厂、尼泊甘基（Nepalganj）电站、蓝毗尼炼糖厂、班巴里（Bansbari）纺织厂、加德满都无轨电车及设备维修等[1]。

2. 改革开放阶段（20世纪90年代至2013年）

如果说初期阶段的对尼泊尔援助带有比较多的地缘政治因素考虑，1978年中国开始改革开放，特别是90年代开始改革援外体制，中国对外援助更加注重力所能及的原则，并且在注重民生项目的同时，增加了提升能力建设援助的力度。

1991年10月，中尼双方就修复尼泊尔塞蒂河大桥签订意向协定。同年12月，中国驻尼泊尔大使馆向尼运输公司转交了中国援助的20辆卡车[2]。1992年9月，中国同意以无偿援助方式为尼修建一所肿瘤医院。1993年2月，中国决定向尼受旱灾区提供1000吨大米的无偿援助，并负责运抵加德满都。1993年8月，中国援建的国际会议大厦完工并移交尼政府，同时中国政府向尼提供了150万元人民币的救灾物资[3]。1997年，中国援建了一个射击场，并为原有一个大型体育场更新和升级了所有设备。1998年，由中国政府援建的医院位于尼泊尔南部巴拉特普尔市，项目总造价为9700多万元人民币[4]。2000年7月，中国政府同意援建尼泊尔电视台改扩建工程并配备相关设备。2001年，中国政府同意帮助尼泊尔建设沙拉公路等成套项目。2004年，中国政府同意援建马亨

---

[1] 田增佩主编：《改革开放以来的中国外交》，世界知识出版社，1993年版，第118页。
[2] 中华人民共和国外交部外交史编辑室编：《中国外交概览：1992》，世界知识出版社1992年版，第83页。
[3] 中华人民共和国外交部外交史编辑室编：《中国外交概览：1994》，世界知识出版社，1992年版，第87页。
[4] 陈乔炎、章建华：《中印日援助鏖战尼泊尔，中国项目最有效》http://www.mil.news.sina.com.cn/2010-09-01/1110608853_2.html。

德拉国王自然保护基金会研究中心。该研究中心总体建筑面积超过4600平方米,包括办公区、会议中心、博物馆、图书馆、研究中心等设施。2004年9月,中国援建的尼泊尔公务员医院奠基仪式在加德满都举行,该公务员医院占地约2.7万平方米,建筑面积1.13平方米,有120个床位,2006年7月开工。2005年1月,中国援建的尼泊尔电视台综艺楼正式使用。2007年11月,中国援助光缆铺设项目举行签字仪式。

中国在对尼泊尔的发展能力建设方面的援助也开始增多。比如,2005年,中华全国妇女联合会向尼泊尔有关方面捐赠缝纫机、笔记本电脑等物资。2006年3月,中国援建巴尼帕综合技校奠基仪式启动,该技校占地5万平方米,建筑面积10800平方米,共有16座单体建筑物,并于2008年5月移交。2008年5月,中国政府无偿援建的尼泊尔自然保护基金科研中心和办公大楼奠基仪式在拉特利普洱市举行。2009年2月,中尼举行中国援建尼泊尔传统医药研究培训中心开工暨奠基仪式,该项目耗资4800万元人民币。同年,尼泊尔总理普拉昌达(Pushpa Kamal Dahal,原名帕苏巴·卡麦尔·哈达尔)第二次访华,中国承诺对尼泊尔的年度援助增加50%,达到2190万美元,用于提升尼泊尔旅游业、科技、农业和水资源的开发和发展[①]。2010年3月,中国驻尼泊尔使馆向尼泊尔上木思塘学校提供570万卢比的援助,用于学校会议室、电脑教室和实验室的建设。2010年12月,中国驻尼泊尔大使邱国洪与尼泊尔财政部代表两国政府签署经济技术合作协定,中国承诺将向尼泊尔提供7000万人民币无偿援助。

中国也通过各种方式向尼泊尔提供技术援助:一是向各种中国援建的项目提供中国工程和技术人员;二是向尼泊尔提供免费的培

---

① "China Increases Aid to Nepal by 50%," Expressindia, April 19, 2009 (online at expressindia.com).

训和学习机会。90年代初期，中国每年向尼泊尔提供20个奖学金名额，用于培养尼泊尔人才[①]。截至2010年，中国每年向尼提供近100个政府奖学金名额、派遣多名中文志愿者教师赴尼开展援助工作。

与此同时，中国对尼泊尔的基础设施援助也在同步进行。2011年2月，中国政府决定向尼泊尔提供6.4亿元优惠贷款，援助上崔树里3A水电站建设。《尼泊尔发展年度报2011—2012》显示，2011—2012财政年度，中国总计向尼泊尔提供了2835万美元的援助，主要用于上崔树里3A水电站项目（586.6万美元）、塔托帕尼（Tatopani）无水港检验站项目（682万美元）和小额经济技术合作项目。2012年，温家宝总理访问尼泊尔，中国承诺三年向尼泊尔提供10.18亿美元援助。2012—13财政年度，中国共向尼泊尔提供了3412万美元的援助，包括上崔树里3A水电站项目1864万美元、小型经济技术合作项目420万美元、塔托帕尼无水港检验站项目5520万美元、安全设备捐赠424万美元、Syaprubesi Rasuwagadhi道路项目152万美元等。

此外，中国政府和中国红十字会还向尼泊尔提供了人道主义援助，用于尼泊尔抗洪救灾等工作。2012年开始，中国也对尼泊尔60%的产品采取了零关税待遇。

3. 共建"一带一路"阶段（2013年至今）

2013年9月和10月，中国国家主席习近平在出访中亚和东南亚国家期间，先后提出共建"丝绸之路经济带"和"21世纪海上丝绸之路"的重大倡议。2013年12月召开的中央经济工作会议提出，"推进丝绸之路经济带建设，抓紧制定战略规划，加强基础设施互联互通；建设21世纪海上丝绸之路，加强海上通道互联互通建设，拉紧相互利益纽带"。"一带一路"倡议的提出为中国更好

---

① 中华人民共和国外交部外交史编辑室编：《中国外交概览：1994》，世界知识出版社，1992年版，第87页。

规划对尼泊尔援助提供了依据和指引，援助规模和总量得到实质性提升。

2013—2014财政年度，中国援助尼泊尔达到1.29亿美元，其中上崔树里3A水电站项目508万美元、捐赠MA603飞机耗资2900万美元、小型经济技术合作项目730万美元。这一年，中国公开的援助金额首次超越印度而成为尼泊尔的最大援助国。2014—2015财政年度，中国总计向尼泊尔援助3795万美元，主要项目包括加德满都内环路改造项目、上崔树里3A水电站项目、尼泊尔国家武警学院项目等。2015—2016财政年度，中国向尼泊尔提供的援助包括尼泊尔重建现金援助250万美元、地震灾民安置1000万美元、尼泊尔国家阿育吠陀研究和培训中心医疗设备248万美元、B. P. 肿瘤医院225万美元、紧急医疗设备和疾病防御设施供给320万美元、尼泊尔国家武警学院1000万美元、第三批紧急救助物资226万美元、全面救灾风险管理项目96万美元以及紧急石油物资援助177万美元等。

表2 2010—2016年尼泊尔接受援助总体情况（百万美元）[①]

序号	援助方	2010—2011财政年度	2011—2012财政年度	2012—2013财政年度	2013—2014财政年度	2014—2015财政年度	2015—2016财政年度
1	世界银行	256.11	269.61	231.41	276.77	188.12	243.69
2	亚洲开发银行	184.42	193.4	101.2	155.55	147.89	217.69
3	美国	48.45	22.49	67.2	45.36	132.37	118.93
4	联合国系统	112.54	108.17	68.66	26.69	44.24	113.58
5	英国	92.61	84.24	89.99	151.14	168.07	89.48

---

① Ministry of Finance of Government of Nepal, Development Cooperation Report 2015 – 2016, March 2017.

续表

序号	援助方	2010—2011 财政年度	2011—2012 财政年度	2012—2013 财政年度	2013—2014 财政年度	2014—2015 财政年度	2015—2016 财政年度
6	日本	58.69	44.09	65.76	40.59	39.87	45.91
7	瑞士	27.63	33.42	41.77	33.85	32.47	36.98
8	印度	50.73	50.62	63.81	47.8	22.23	35.77
9	挪威	32.82	41.69	32.82	24.47	30.8	35.54
10	中国	18.84	28.34	34.12	41.38	37.95	35.36
11	欧盟	42.38	43.97	28.07	51.62	31.38	29.49
12	澳大利亚	22.07	22.73	16.06	30.24	28.11	21.23
13	韩国	22.2	4.72	14.25	8.75	16.68	11.45

此外，中国继续加大对尼泊尔提供技术援助的力度。据不完全统计，截至2015年，中方为尼泊尔培训各领域人员近2500名，对尼经济社会发展发挥积极作用[1]。例如，由商务部主办、国家行政学院承办的"尼泊尔执政能力部级官员研讨班"已实施多期，每期均由来自尼泊尔总理及内阁办公室、行政部和财政部等部门的官员参加。

（二）中国对尼泊尔援助的代表性案例

案例1　阿尼哥公路

阿尼哥公路是中国在尼泊尔的一个主要项目，长约114千米，打通拉萨到加德满都。该项目协议于1961年10月15日签署，旨在加深双边友好经济交往。援助金额为350万英镑，中国派出了专

---

[1] http://www.xinhuanet.com/politics/2015-05/15/c_127804257.htm。

家、技术工人等开展技术援助,并提供了必要的机器和材料。加德满都至西藏公路是中尼之间实现互联互通的里程碑,对于中尼两国的睦邻友好关系及双方贸易发展起到了重要作用。该条公路不仅为尼泊尔日益扩大的贸易和商业提供一个可以选择的出路,使中国和尼泊尔关系更趋密切,而且打开了尼泊尔最难以到达的、最不发达的内地的交通,加速尼泊尔东部山地发展的速度。同时,阿尼哥公路的建成也标志着印度完全封锁尼泊尔状态的结束。这一时期,中国总计援助尼泊尔修建公路750多千米,在所有援助国道路建设项目中占20%以上,对尼泊尔的经济社会稳定发挥了至关重要的作用。

案例2 生产性工程项目

这一时期的工业化项目涉及皮革、水泥、纸浆、炼糖等基础性领域。班巴里皮革与鞋厂竣工于1965年6月,耗资700万卢比,年度产量达到27万双鞋履,工厂充分使用产于尼泊尔本地的原材料,90%的鞋出口到印度等地,为尼泊尔赚取了大量外汇。希托拉棉纺织厂于1979年在尼泊尔建成,耗资近1.5亿卢比,年度生产能力达到1千万米棉花服装,工厂拥有14688个纱锭和480个织布机,能够满足尼泊尔8%左右的布料需求。其他如水泥厂、纸浆厂、炼糖厂等生产性项目的建成不仅满足了尼方自身国内发展的需求,节省了尼方大量的外汇,也对尼泊尔工业化发挥了重大作用,也是对其他国家早期注重农业和农村发展援助的一种弥补[①]。正如中尼多个经济技术合作协定里明确指出的,中国和尼泊尔的合作发展了两国之间的经济往来,不仅加快了尼泊尔国内的经济建设,也有利于促进尼泊尔对外贸易的多元化。

---

① "Chinese Economic Assistance to Nepal", Y P Pant 1961.

案例3 援助尼泊尔柯依拉腊肿瘤医院项目和援尼医疗队

尼泊尔BP柯依拉腊肿瘤医院位于尼泊尔首都加德满都市西南146千米的奇特旺区巴拉特普尔市，项目总造价9700多万元，占地面积38820平方米，医院绿化面积为19150平方米，总建筑面积为9850平方米。该医院由门诊楼、医技楼、放疗楼、病房楼、办公楼、后勤楼、变配电室、停尸房、氧气汇流间、水泵房、门卫室、家属宿舍楼和单身宿舍楼等13栋建筑物和总体工程（坡道、连廊、围墙、绿化水池、场院道路）组成。该工程于1996年6月开工建设，于1997年8月通过了中期质量检查，1998年10月完成竣工验收。竣工后，中国政府还向医院捐赠了价值1400万元的27项医疗设备。

BP柯依拉腊肿瘤医院建设主管单位是国家外经贸部援外司和中国成套设备集团公司，设计单位是华东建筑设计研究院，监理单位是中国友发国际咨询有限公司，施工单位是山东国际经济技术合作公司和山东烟台市建设工程总公司。尼泊尔卫生部成立了柯依拉腊肿瘤医院筹备组，负责配合中方报关等事务，但是对工程建设不进行管理。设计依据的规范是中国现行的相关设计规范和规程，施工依据的规范是中国现行相关施工、验收规范和规程，监理依据的规范是中国现行的相关设计、施工验收规范和规程，以及外经贸部的有关援外监理章程。

钢筋、水泥和砖是尼泊尔和印度的生产厂家提供货源，设计、施工采用中国的规范，而材料是在当地生产，对这些材料的质量检验更显得重要。钢筋是尼泊尔当地钢厂生产，但钢厂的设备工艺由德、日援助。水泥为尼泊尔和印度生产的两种，各项指标均可达到中国的要求，但印度产的水泥稳定性较差，因此只在砌砖、抹灰中使用。砖厂为中国援助尼泊尔的机制砖，为标准尺寸机制砖，但是操作水平低，质量经常出现波动①。

当年，山东国际经济技术合作公司的员工们，从开垦一片原始森林开始，战酷暑，斗瘟疫，仅用了不到两年时间，就使一座现代化的肿瘤医院拔地而起，为尼泊尔南部甚至邻国印度百姓寻医问药、解除病痛提供了方便。

BP柯依拉腊肿瘤医院于1998年12月21日移交尼方正式投入使用。自1999年开始，中国开始向尼泊尔派驻援外医疗队，在该医院开展医疗和培训工作。援尼医疗队由河北省承担，每期派遣17名左右专家，工作期限为两年。截至2017年，中国政府共派出了9批援尼医疗队，共计161名专家在该医院工作，为尼泊尔诊治病人近百万人次，开展各类手术近两万多例，并传授先进医疗技术，为当地培养医生，为当地医院创建科室，完善医院管理规章制度，下乡巡诊，进行科普知识宣传。为了提高援助效果，河北省还积极探索与尼泊尔的对口交流合作，创新了援尼医疗模式，加强中尼双方的合作交流。2014年开始，河北省医院开始邀请尼泊尔医护人员到河北省医院工作，并进行免费培训指导。

案例4　中国—尼泊尔地理联合研究中心

中国—尼泊尔地理联合研究中心（以下简称"联合研究中心"）是中国对发展中国家开展的科技援助项目，由中国科技部提供支持，中科院水利部成都山地灾害与环境研究所和尼泊尔特里布文大学合作共建。联合研究中心于2014年在尼泊尔加德满都特里布文大学揭牌，中方还向该中心捐赠了仪器设备，并援建了实验室。该中心以喜马拉雅山南北坡为研究区，基于全球气候变化背景，重点开展包括山地灾害、山地生态与环境监测、山区发展等在内的山地地理研究，旨在培养尼泊尔山地地理学研究的专业

---

①　智菲、李美华："援助尼泊尔肿瘤医院监理实践"，《工程力学》，2001年第12期，第627—629页。

人才、提升尼泊尔相关领域的研究能力，并为提升我国科技影响力和促进中尼科技交流与合作做出贡献。联合研究中心的成立，既是提升尼泊尔特里布文大学地理等学科教学研究质量、促进人才培养的重要平台，也标志着双方地理科技合作进入一个新的开端。

依托联合研究中心项目，中方于2014年和2017年在中国科学院水利部成都山地灾害与环境研究所举行了两期实验室技能培训班，旨在培养联合中心实验室的实验人才，为后期联合中心实验室的建设与正常运行提供了人才保障，也进一步增进了双方的合作友谊，为推动今后的深入合作奠定了良好基础。通过培训，尼泊尔学员初步掌握了土壤、植物、水等样品的基本元素测定方法、仪器操作技术、数据处理方法及实验室管理流程等。

案例5　2015年抗震救灾紧急援助

2015年4月25日，尼泊尔发生8.1级地震，地震及多次强烈余震造成约9000人遇难，约2.2万人受伤，50万间房子完全倒塌，30万间房屋不同程度受损，8000多所学校受毁。

中国向尼泊尔提供了全方位的抗震救灾援助，取得了良好效果，主要有以下几方面的特点：一是反应迅速，中国政府是最早向尼泊尔提供援助并派遣救援队的国家之一。地震发生后，外交部牵头建立跨部门应急机制，统筹协调政府层面对尼抗震救灾援助工作。商务部、卫生计生委、总参谋部、武警、民航局、地震局以及中国驻尼泊尔使馆等各有关部门以及红十字会等民间组织均紧急行动起来，组织救援人员和救援物资。地震发生第二天，由地震局派出的62名由搜救队员、医护队员、地震专家等组成的中国国际救援队即抵达加德满都，成为首支抵达尼泊尔的经联合国认可的重型国际救援队；卫生计生委组织的第一批中国政府医疗队和军方救援队、医疗队也于4月27日和28日抵尼，有效抢抓

"搜救黄金72小时"，及时对受伤灾民开展救治，并根据灾情的发展派出第二批医疗防疫队及时赶赴尼泊尔，协助尼方防控灾后可能发生的疫情爆发；商务部当即启动紧急人道主义救援机制，加紧安排物资迅速运抵灾区；在尼援外项目实施队伍在自救同时，迅速投身当地抗震救灾，将所有库存食品帐篷提供给当地民众，并在黄金72小时内成功救出8名尼泊尔人；中方还同尼方保持密切沟通，准确了解尼方救灾的具体需求，确保救援人员和物资及时到位，发挥巨大的效用。

二是投入大、成效好。中国组织实施了三轮紧急人道主义物资援助，总价值1.4亿元人民币，紧急援助物资共达650吨，包括帐篷、发电机、净水设备、毛毯等，总计动用30多架次军机和十余架次民航货运包机运抵尼泊尔。中方向尼泊尔境内派出8批共计400余人的官方和军方救援队、医疗队和防化洗消队，开展救治和防疫工作，累计巡诊约3000人次，救治逾千人，培训尼医务防疫人员700多人次。军方3架直升机已进入尼泊尔执行空运和救援任务，武警交通救援大队部署了充足的人力和器械，从西藏一侧抢通中尼陆路通道阿尼哥公路。

三是参与广。除政府和军方外，西藏自治区、四川省、云南省、福建省、广东省、中国红十字会、中国扶贫基金会、蓝天救援队等社会团体，以及一些企业和个人纷纷向尼方提供现汇或者物资援助。在尼泊尔当地的中资企业也在开展自救的同时，积极帮助尼泊尔政府救援伤者，同灾民分享物资储备，充分体现了中尼友好广泛、坚实的社会基础。

四是逐步推进、持续援助。第一轮援助物资主要侧重在解决住的问题，许多尼泊尔受灾民众因为地震失去了住所，急需帐篷、毛毯等；第二轮援助物资主要侧重解决震后的卫生安全问题，增加了净水设备、急救包等；为协助尼方应对次生灾害、做好灾民安置工作，中国政府向尼地震灾区提供第三轮援助，主要包括防雨苦布、帐篷、家庭健康包等。三轮援助逐步推进，满足灾区不同时期的最急切需求，保证援助持续发挥积极效果。

五是救援范围广。不仅在首都加德满都，中国多支援救队还不辞辛苦，克服重重困难，前往尼泊尔震中地区和偏远山区实施救援，帮助当地民众解决了很多问题。

中国的震后救援受到广泛赞誉。尼泊尔领导人多次对中国的无私援助表示感谢，总统亚达夫、总理柯伊拉腊分别会见中国驻尼泊尔大使，看望中国救援队和治疗队，称中国政府和人民在第一时间提供的大量、高效、多批次救援支持让尼泊尔人民更加深切地感受到了来自中国的关心和温暖。

2015年7月23日，中国政府与尼泊尔政府共同签署《关于地震灾后重建援助项目规划的谅解备忘录》，中国宣布在2016年至2018年向尼泊尔提供30亿元人民币的无偿援助，用于尼泊尔灾后重建。中国计划在3至5年重振旅游业、基础设施建设、民生领域重建、灾害防治能力建设以及医疗卫生合作等五个重点领域开展援助尼泊尔的工作。这也是尼地震后首个外国政府与尼泊尔政府签署的震后恢复重建援助协议。

案例6 共建"一带一路"下的博卡拉国际机场援建项目

2017年5月，中国和尼泊尔签署"一带一路"合作谅解备忘录，加强在"一带一路"框架下的合作。两国同意对接发展战略，制订两国合作规划，在"一带一路"框架下推进重大合作项目的实施。两国合作的重点项目包括两国陆路和航空的互联互通、阿尼哥公路和沙拉公路修复保通、中国援建普兰口岸的斜尔瓦界河公路桥、加德满都环路改造（一期、二期）、中尼跨境铁路及尼境内铁路、为中国在尼泊尔投资提供便利、依托口岸建设跨境经济合作区、落实《中尼政府间过境运输协定》等。目前，两国间一系列重大项目合作已取得阶段性成果。博卡拉新机场是中国援建尼泊尔最大项目，也是中尼"一带一路"合作的重点工程。

博卡拉位于尼泊尔首都加德满都以西不到 200 千米的山谷中，每年吸引着近百万来自世界各地的游客。由于尼泊尔目前只有加德满都一个国际机场，到博卡拉必须中转。这段路开车要七八个小时，坐飞机只要 20 分钟，但受现有机场规模所限，来往于此的都是支线小飞机，飞行安全成为世界各地游客到访这里的"心中一道坎"。老博卡拉机场 1958 年投入使用，设施如今已很陈旧，不能满足尼泊尔航空运输和经济发展的需求。航站楼里最"奢侈"的空间是二楼那个最多能容纳 20 多人的小餐厅，里边挤满了因航班延误而滞留的各地旅客。据了解，老博卡拉机场的跑道只有 1400 米，甚至不足以起降中型支线客机。新建一个机场是尼泊尔政府及人民追求了 40 多年的梦想，然而，这一被誉为"国家荣誉工程"的项目，由于资金缺乏等原因迟迟难以实施，直到中国向尼泊尔伸出援助之手。

由中国援建的博卡拉新机场位于老博卡拉机场 3 千米处，正在建设中的新跑道长达 2500 米，投资约 15 亿元人民币，将按照 4D 级国际机场标准建造，比老机场高出至少 3 个等级，波音 737 等机型起降将不成问题，使尼泊尔的航空运输业一举实现与世界接轨。新机场的项目用地 1971 年就已获批，40 多年来，不仅是当地，整个尼泊尔都在期待新机场能够早日落成。按照中方承包商中工国际和尼泊尔项目办公室 2014 年 5 月签署的合同，该项目预计将于 2021 年 7 月 10 日竣工。

不仅是跑道长度，中方采用的混凝土跑道标准也是世界一流的。另外，新机场在航站区设计上也相当全面，包括机库、宿舍等共 14 座建筑，其中主航站楼将成为尼泊尔最现代化的建筑。新机场建成后将是尼泊尔第二个国际机场，同时也是加德满都国际机场的备降机场。它将加强尼泊尔这个内陆山地国家的对外联系，对其航空业及旅游业发展也将起到巨大推动作用，在促进震后经济复苏的同时，造福尼泊尔人民。正如当地媒体在报道这一工程时所说："数十年前，中国援建的公路把博卡拉和加德满都连在一起，如今中国援建的新机场将把尼泊尔和世界联系在一起。"

尼泊尔文化、旅游和民航部长Jitendra Narayan Dev表示，该项目一旦建成投入使用，将成为尼泊尔富强和发展的重要里程碑。

案例7 中国扶贫基金会在尼泊尔[①]

2015年，中国扶贫基金会在尼泊尔成功注册，成为首个在尼泊尔设立办公室的中国的非政府组织。中国扶贫基金会尼泊尔办公室严格遵循尼泊尔社会福利部关于国际非政府组织工作的相关政策和法规，向地区发展委员会和社会福利部定期进行项目报告，并邀请他们参与项目检测。尼泊尔办公室还积极向在尼的国际非政府组织学习，并于2016年10月25日加入尼泊尔国际NGO联盟组织，参与国际非政府组织在尼泊尔工作的相关政策推动及权利维护工作。

2015年"4·25"地震发生后，中国扶贫基金会凭借13年的国际国内灾害救援工作经验，依托近年来构建的中扶人道救援队、人道救援网络、救援专业组织，第一时间开展了地震救援。同时，中国扶贫基金会还联合天猫店、腾讯乐捐平台、新浪微公益平台、支付宝钱包等第一时间，面向公众开展人道救援倡导及筹款，同时为参与救援的社会组织开通人人公益腾讯微信众筹通道；携手联合国世界粮食计划署在腾讯乐捐平台、苏宁集团在其众筹频道发起募捐活动。截至2017年4月15日，尼泊尔紧急救灾和灾后重建共募集物资1143万元，累计支出1006.91万元，其中紧急救援

[①] 本部分内容根据中国扶贫基金会尼泊尔办公室邹志强女士提供的材料编撰，作者对邹志强主任给予的支持表示诚挚的感谢。

阶段支出448.18万元，过渡安置阶段支出196.42万元，灾后重建阶段安排资金499.22万元，总受益人数达19.38万人次。

中国扶贫基金会针对救灾和灾后重建开展的活动包括：（1）热食供应，2015年4月29日至5月28日，中国扶贫基金会联合阿尼哥协会、泰米尔中餐馆，在加德满都谷地多处设立热食供餐点，提供81800人次热食服务；（2）饮水安全：在巴德岗杜巴广场等地，援助2台大型净水设备，2台中型净水设备，24台小型净水设备，提供500吨直饮水，近万人受益；（3）食品保障：采购1402袋21030公斤大米，向14个村庄1402户农户发放；（4）安置社区：建立"巴特岗博叠安置社区"，向受灾民众提供帐篷及安全保障、卫生消杀、办公用品等设施，营区持续接受1100余名受灾群众；（5）搭建临时安置学校：在三个重灾区发放帐篷，开设帐篷学校，5000名尼泊尔小学生受益，在5个区搭建22所铁皮临时爱心学校，帮助21747名学生回到课堂；（6）水、环境和卫生项目：为提高社区和学校人员的净水意识，对当地社区提供厕所、水塔和洗手池支持，发放清洁包，并对所在社区近800名妇女、200名儿童和50名教师进行清洁用水培训；（7）乙肝筛查：经尼泊尔卫生部批准，在博卡拉进行乙肝筛查项目调研和测试工作，培训100名医务工作者和实验室人员，对博卡拉7个社区3000多名民众进行乙肝筛查和健康基本知识宣传；（8）学校重建：2016年4月，由苏宁电器集团捐赠，通过中国扶贫基金会援助的Yuba Sahavagita公立学校举行奠基仪式，由何道峰先生捐助的Mahendra Adarsha Vidyashram学校于2017年4月举行奠基仪式；（9）爱心包裹及文具项目：发放2091个爱心书包，并为2561名学生提供了文具；（10）电脑教室与残疾人职业支持：实施香港南南教育基金"One Lapton One Dream"残疾人就业职业培训项目，6个残疾学校与中心获得支持，近3000名残疾人受益；（11）心理抚慰：对多拉卡在校学生以及家长组织5次灾后心理辅导培训，共有180名学生和20名妇女参与。

案例8　中国与联合国开发计划署合作向尼泊尔灾区提供人道主义援助物资

2018年1月11日，中国驻尼泊尔大使于红与联合国开发计划署尼泊尔办事处主任梅耶尔在加德满都签署向尼泊尔灾区提供人道主义援助物资的项目换文，宣布项目正式开始实施。2018年3月26日，于红大使与梅耶尔在加德满都签署交接证书，标志着中国援助尼泊尔南部灾区人道主义物资项目圆满结束。

2017年8月，尼泊尔南部特莱地区遭遇60年一遇的特大暴雨，35个地区80%以上的土地遭受洪灾，造成160人死亡，21000多家庭流离失所，20多万间房屋受损，受灾人数约170万。2017年11月，中国商务部与联合国开发计划署在北京签署经济技术合作协定，中国政府在南南合作基金项下向联合国开发计划署提供400万美元指定用途资金，通过联合国开发计划署尼泊尔办事处向尼南部地区提供人道主义援助物资，包括毯子、炊具、蚊帐、水过滤器和卫生用品包等，项目将惠及2个省7个地区的31800个受灾家庭。

此项援助项目是落实习近平主席在"一带一路"国际合作高峰论坛期间宣布的向有关国际组织提供资金，落实一批惠及共建国家合作项目承诺的举措之一。同时，这也是中国政府首次与联合国开发计划署合作在尼泊尔开展援助项目。于红大使表示，中国和尼泊尔是山水相连的友好邻邦，中国愿意继续为尼泊尔提供力所能及的帮助，这些非食品援助物资给受灾家庭带来了温暖，"这是一个为全世界的发展贡献更多力量的新时代。中国将努力营造更加友好的周边环境，促进与包括尼泊尔在内的邻国之间的互信和共同发展，为构建人类命运共同体做

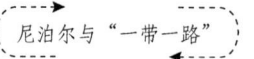

出新的贡献。"①

四、对中国援助尼泊尔的总体评价

60年来，中国逐步形成了以平等互利、注重实效、不附带任何政治条件等为原则的颇具中国自身特色的南南合作模式。中国对尼泊尔的援助形式也愈发多样，包括援建大型成套项目、提供物资支持、开展双边技术合作、培养开发人力资源等。同时，中国对尼泊尔援助涉及的领域越来越广，从道路基础设施、医疗援助、紧急援助到灾害重建中的民生恢复、新建医院、学校、机场，修复在地震中损毁的公路、文物古迹，援建地震监测台网等，推动中国与尼泊尔互联互通和民心相通，践行着周边外交的"亲诚惠容"理念，助力中国和尼泊尔共同发展，为2030年可持续发展议程的落实做出了自己力所能及的贡献。

加强对尼泊尔的援助符合中国的国家利益。一是维护边疆稳定和国家安全，尼泊尔与西藏毗邻，在宗教、文化和风俗习惯等方面较为接近，对中国边境稳定具有较大影响。尼泊尔是境外第二大藏人聚居地，加强对尼泊尔援助，有利于中国遏制"藏独"势力，维护西藏地区和平与稳定，也有利于创造和平稳定的周边环境。二是促进尼泊尔经济社会发展，树立负责任大国形象。尼泊尔基础设施落后、工业发展缓慢、医疗卫生条件较差、教育程度不高。加强对尼泊尔基础设施以及民生等领域的援助，有利于树立中国负责任大国的形象。三是有利于加强中国与尼泊尔的经贸合作。对尼泊尔援助很大一部分是基础设施建设，有

---

① "中国援助 患难见真情"，国际在线，2018年3月26日。

利于促进中国工程承包企业"走出去",拓展在当地的市场份额;同时,尼泊尔水利、旅游等资源丰富,通过援助与投资相结合的方式,能够为中国企业"走出去"建立平台,增强在当地的影响力。

中国对尼泊尔援助的开展,使中尼友好关系成为南亚乃至世界范围内的成功典范。新中国成立初期对尼泊尔援助是奠定两国友好关系的一个重要因素。中国在尼泊尔开展的大量基础设施、医疗、技术援助、能力建设、紧急援助、物资援助等项目,对尼泊尔国内的经济建设起到了重要的推动作用,得到了尼泊尔人民的肯定与赞扬。调研组在尼泊尔调研期间,各方多次表示,尼泊尔人民非常感谢中国为尼泊尔发展所给予的无私援助。

第一,对尼泊尔援助是中国睦邻外交的真实写照。在整个中国对尼泊尔的援助过程中,中国始终坚持在和平共处五项原则的基础上以睦邻外交为基石发展同尼泊尔的关系,在力所能及的范围内对尼泊尔给予了真诚又有效的援助。与西方甚至是印度对尼援助不同的是,中国援助项目具有不附带条件、平等对待等特点[①]。西方对尼援助自20世纪70年代后期即开始附加良治和结构调整等条件,要求尼泊尔采取以市场为导向的新自由主义政策,影响尼泊尔的政治议程。1990年后,尼泊尔政府应西方援助国的要求,不得不对部分国有企业进行了私有化,在国有银行中聘用外国专家,并将饮用水等项目交由外国公司管理等,但这些改革效果并不明显。相反,中国对尼援助不附加任何政治条件,尊重受援国主权,从不干涉其内政。在某种程度上,中国援外的八项原则在早期中国对尼援助都有落实。政治平等相待和不附加任何政治条件是中国对尼援助的最突出特点,也是赢得尼泊尔信任和广泛赞

---

① Pramod Jaiswal, "Caught in the India-China Rivalry: Policy Options for Nepal", Institute of Peace and Conflict Studies, Issue Brief #249, March 2014.

誉的重要基础。

第二，中国还充分尊重尼泊尔的"国家所有权"，注重在政府层面与尼泊尔开展合作。西方大多数援助国则忽视《巴黎协定》《釜山发展有效性文件》等关于加强受援国所有权、充分利用受援国政府体系的规定，在很多项目规划和实施过程中绕过尼泊尔政府，通过大量相互联系的国际非政府组织执行项目。英国、瑞典和芬兰等国甚至在尼泊尔的部分地区建立办公室，直接实施援助项目。

第三，急尼泊尔人民之所急，想尼泊尔人民之所想。与中国对其他亚非国家的援助相比，中国对尼泊尔援助的标志性建筑工程并不多见，而是向能够使更多民众受益的项目，如基础设施和道路工程项目倾斜。无论是20世纪加德满都内环路的修建，还是2015年开始的内环路的改造，都旨在解决尼泊尔首都加德满都交通不畅等问题。数十年来，中方相继为尼方援建了阿尼哥公路、沙拉公路等一大批基础设施项目，极大地促进了尼交通运输行业的发展。尼泊尔是个山地国家，地质灾害频发，这给中国援建的道路基础设施工作带来了不小挑战。面对困难，中国施工企业以坚韧和执著的精神完成了一项项任务，帮助尼泊尔国内改善了交通条件。道路、电力、水泥厂、机场、救灾等等，这些都与当地人民的生活息息相关。中国对尼泊尔的援助实践，从最初的单向赠予，逐步走向双向合作，实现了从输血到造血的转变。在举办南盟首脑会议前，1993年中国在尼泊尔首都加德满都援建了比兰德拉国际会议中心；南亚运动会前，1997年中国援建了一个射击场，并为原有一个大型体育场更新和升级了所有设备。

尼泊尔2015年宣布新宪法时，印度表示强烈反对并对尼实行全面"禁运"，导致尼泊尔燃油和燃气奇缺，尼泊尔各派认为这是"赤裸裸干涉尼内政"。一个月后，载满汽油的中国运输车从西藏驶入尼泊尔，结束了印度长期垄断尼泊尔燃料供应的地位，并赢得尼泊尔的信任。2015年10月31日，中国石油天然气运输公司4辆罐车满载汽油经过30多个小时长途跋涉终于抵达位于西藏吉隆县境内的吉隆口岸。紧急援助尼泊尔首批100吨汽油在吉隆口岸顺利交接，帮助尼方缓解了国内燃油短缺造成的困难。外交部、商务部紧急协调，有关部门和企业迅速行动，西藏自治区积极协助，确保11月20日前供给1000吨汽油。中石油迅速展开燃油运输工作，西藏销售公司协同中国联合石油有限公司制定细致供油方案。运输车辆满载汽油先后冒雪越过海拔5355米的马拉山和海拔5236米的孔唐拉姆山。此次油品运输行程近1000千米，平均海拔4500米以上。山路崎岖险峻，一边是陡坡，一边是悬崖，道路最窄处仅能通过一辆车。

第四，"言必行、行必果"，同时高度重视项目质量。调研组在尼泊尔调研期间，对方明确表示，"当中国说要帮助开展项目时，就一定能按时办到，不像有些国家，只承诺支持，却多年都看不见任何实际行动"。尼泊尔前总理柯依拉腊也曾就中国援建的B.P.柯依拉腊肿瘤医院专门向中国政府发去感谢信，盛赞这项工程体现了"中国的速度，中国的质量"[①]。

如前文所述，中国为尼泊尔援建了公务员医院、综合技术学校、国家自然保护基金会研究中心、传统医药研究培训中心等项目。2015年"4·25"强震发生后，商务部立即责成驻尼使馆经商参处组织在尼工程技术人员，对已建成援建项目震后情况进行排查。经排查，这些项目主体结构坚固稳定，外观及内装修整体良好，经受住了强震考验。其中，中国援建的公务员医院还被誉为"楼坚强"，并成为当地重要营救中心。尼泊尔公务员医院位于尼

---

① "中印日援助鏖战尼泊尔：中国项目最有效"，《国际先驱导报》，2010年9月1日，http://www.mil.news.sina.com.cn/2010-09-01/1110608853_2.html。

泊尔首都加德满都明巴湾，共有 120 个床位，建筑面积 11,330 平方米，设有 22 个普通和专业科室及 4 个后勤处，抗震设防烈度 8 度，2008 年 10 月建成移交。地震发生后，公务员医院主体结构完好稳固，整体外观及外墙、门窗、玻璃完好，梁柱未发现裂缝，内墙完整几无裂缝，室内吊顶、地砖等总体良好，仅有个别吊顶脱落，二层外墙有少量横向裂缝。

第五，在惠民工程中体现惠民之举。中国援建尼泊尔的项目从设计标准到工程质量都具有世界水平，这些项目的顺利实施离不开当地政府和民众的大力支持。中企打造实实在在的"标杆工程"不仅体现实力，更于细微之处汇聚民心，造福两国人民。例如在建设博卡拉国际机场项目时，中工国际一直把维护好与当地民众的关系作为施工进展的必要条件。场区建设开工时，部分片区已被当地居民种上了水稻，而且即将成熟收割，为了不影响当地居民利益，中方不惜耽搁部分工期，等居民把水稻收割完毕后才进行施工。

第六，充分照顾地区大国关切。在处理与南亚国家间关系的问题上，中国政府深知要处理好中尼关系，必先处理好与尼泊尔有着特殊历史和现实关系的印度之间的关系。因此，在对尼泊尔援助的过程中，中国始终将印度作为一个重要的合作伙伴。中方多次表示，中尼两国的友好关系不但不排斥中印之间的友好关系，反而会增强三国之间的交流与往来，不仅对南亚国家产生很大的影响，也有助于地区和世界和平。国家主席习近平在 2016 年 3 月 21 日会见尼泊尔到访总理奥利就表示，"尼泊尔可以成为中印之间的桥梁和纽带，我们愿进一步探讨开展中国、尼泊尔、印度三方合作"。①

---

① "习近平会见尼泊尔总理"，《人民日报（海外版）》，2016 年 3 月 22 日第 01 版，http://www.paper.people.com.cn/rmrbhwb/html/2016-03/22/content_1662721.htm。

同时，中方还高度重视尼方的可持续发展和落实2030年可持续发展议程。如中国援助的尼泊尔自然基金会研究中心就为尼在保护自然环境和生物多样性、促进生态旅游发展、应对全球气候变化、实现尼经济社会可持续发展等方面发挥了积极重要作用。

但是，我们也必须看到，中国和尼泊尔之间的合作还面临着诸多挑战和问题：一是中国和尼泊尔的关系主要以政府和精英之间交流为主，普通百姓之间的联系和交往还较为有限。二是尼泊尔内部政治复杂多元，政府缺乏稳定性，"总理选举次数创世界吉尼斯纪录"，这就导致坚持"受援国政府需求主导"因政府更迭频繁而导致援助需求大为迥异；同时，这也导致了部分项目落实过程中存在违约、不作为、资料不充分、设计缺陷和监理工程师的不公平行为，导致援助项目拖延，无法按期履约，增加了援外项目实施企业的负担等。三是中国的很多援助项目还可以做得更细致、更有效，行业也可以更均衡。例如，印度驻尼使馆每年都有一定的援助资金，灵活用于一些小项目，力求"打动人"；另外，尼泊尔依旧是一个农业大国，但中国农业方面的援助合作工作在尼泊尔还是空白。四是20世纪帮助尼泊尔进行工业化的纺织厂、纸浆厂、糖厂和皮革厂等目前因各种原因也面临重重困难，同时部分中国资助的大型公路和水利设施等，也面临维修、维护的问题。五是中国在尼泊尔的援助主要集中于首都加德满都和邻近中国的地区，将来的援助可以向落后的农村地区倾斜，加大与尼泊尔民众的交往。六是无论是在中国成套援建项目还是在承包项目过程中，仍存在恶性竞争投标的问题，导致部分项目中标后无法实施，或实施过程中存在质量问题。

五、进一步提高中国对尼泊尔援助效果的建议

一是加强信息公开和程序透明。尼泊尔受西方影响较大，非常重视信息和程序的公开和透明。在援助项目的招标、承包方选择、重大事项决策以及项目执行过程中，援助方、受援国以及承包方均实行信息公开、程序透明、共同监管的制度。因此，中国在对尼泊尔援助时，应进一步加强信息公开力度，在招标程序和承包方选择标准等方面及时向受援国通报进展，并加强协调与沟通。同时，通过定期或不定期交流，及时通报援外项目的进展情况，并根据尼泊尔要求提供相关资料和数据。

二是重视非政府组织的作用。尼泊尔非政府组织数量众多，在政府与当地民众之间充当缓冲器角色。应更加重视非政府组织的作用，一方面可与国际组织合作，利用其援助经验和渠道，更好地开展援助项目；另一方面，可与当地非政府组织合作，借助其人脉和影响力，使援助项目更加深入民心。同时，鉴于中国扶贫基金会已在尼泊尔立足扎根，并已取得了较好的影响，中国政府应通过援外资金安排项目予以支持，并支持中企和中国民间组织的合作，协助企业在当地扎根，改善国家的形象和软实力。

三是鼓励投资与援助相结合。尼泊尔普遍面临较为严峻的经济发展任务，无论是加强基础设施建设、促进工农业生产，还是改善人民生活，均存在巨大的资金和技术缺口，对外部资源的依赖性较强。然而，仅靠援助远远无法满足南亚国家的实际需求，应鼓励投资与援助相结合，通过援助项目带动中国企业"走出去"。一方面弥补尼泊尔的资金缺口，并形成技术外溢，提高当地的技术水平；另一方面，利用企业的品牌、销售渠道、先进经营理念

等优势条件，促进项目实施以及未来的可持续发展，使援助项目更好地在尼泊尔发挥作用。

四是总结中国应对紧急事件的能力，加强尼方应急能力建设。尼泊尔经常发生各种紧急事件，对应急能力建设存在较大需求。中国应进一步加强对尼泊尔应急能力建设援助，通过经验分享、物资援助等方式，提高政府处理紧急事件的能力。在安全领域，可向其提供安保设备和装备，并开展相关培训；在防灾减灾领域，可帮助其开展相关基础设施建设和网络平台建设，加强宣传和培训等。

五是尊重当地的宗教文化。一方面要了解和尊重当地的宗教文化和风俗习惯，并做到入乡随俗；另一方面，可以宗教为平台，借助中国宗教团体与当地加强联系，实施一些周期短、见效快、贴近民生的特色项目。

第三章
中国与尼泊尔经贸投资关系

从总量来看，无论是在亚洲或南亚次区域，尼泊尔在吸引外国直接投资方面的排名都比较靠后。自2012年起至2017年的年度统计数据分别为9200万美元、7100万美元、3000万美元、5200万美元、1.06亿美元以及1.98亿美元，在南亚仅高于阿富汗和不丹两国。① 然而，近年来流入尼泊尔的外国直接投资呈现出显著增加态势，特别是在2017年全球对外直接投资总额下降之时，进入尼泊尔的外国直接投资却仍旧保持上升势头。在南亚地区也是如此，由于印度吸引的外国直接投资减少，2017年流入南亚地区的外国直接投资总额为520亿美元，较2016年减少4%。②

一、双边贸易投资的基本情况

2016年中国对尼泊尔直接投资流量4882万美元。2016年末，

---

① UNCTAD, *World Investment Report* 2018, Annex Tables, June 6, 2018, United Nations 2018.
② "联合国报告显示，2017年流入亚洲发展中经济体的外国直接投资保持平稳，总额为4760亿美元"，UNCTAD/PRESS/PR/2018/22，2018年6月6日。

中国对尼泊尔直接投资存量为2.47亿美元。截至2018年4月，中国累计对尼泊尔非金融类直接投资存量已达到3.1亿美元。尼泊尔企业对华累计直接投资250万美元。[①]

就双边贸易而言，2016年，中尼双边贸易额为8.9亿美元，同比增长2.7%。其中中国出口8.7亿美元，同比增长4%；中国进口0.2亿美元，同比下降30.6%。从产品种类来看，2016年，中国向尼泊尔出口的主要商品有电话和电机电气设备及零附件、非针织服装、针织服装、鞋类、机械设备及零件、苹果、羊毛及羊毛纱线、其他纺织品、光学及医疗器具、皮革制品、车辆及零附件、化学短纤维、家具等。中国自尼泊尔进口的主要商品为贱金属雕塑像及其他装饰、地毯、医疗器具及零附件、生皮及皮革、披肩和围巾、仿首饰、其他纺织制品、有机化学品、铜器、木装饰品、羊毛机织物等。[②]

尼泊尔对华出口的主要产品中，传统手工业产品占较大份额，农业及制造业产品比例较小。尼泊尔对华出口金额近两年持续下降，这可能是2015年地震对经济生产所造成的影响。为解决双边贸易不平衡问题以及促进尼产品对华出口，中国国内各种展会越来越多地邀请尼泊尔企业参加。2017/2018财年前10个月，尼商品对华出口增长至26.6亿卢比，较上年14.2亿卢比增长87.3%，增长较快的商品有茶叶、面条、羊绒制品、羊毛地毯和手工艺品等。[③]

目前，在尼泊尔投资的中资企业超过100家，主要集中在水电站、航空、餐饮、宾馆、矿产、中医诊所、食品加工等行业。由

[①] 《对外投资合作国别（地区）指南——尼泊尔》（2017年版），商务部国际贸易经济合作研究院，2017年12月，第31—32页。
[②] http://www.np.mofcom.gov.cn/article/zxhz/hzjj/201706/20170602596391.shtml.
[③] "尼泊尔央行：2017/18财年前10个月尼对华出口增长近一倍"，2018年6月14日，http://www.np.mofcom.gov.cn/article/jmxw/201806/20180602757080.shtml.

于尼泊尔投资环境存在诸多不稳定因素，中国对尼泊尔的投资尚处于起步阶段。2012年底，中国水电建设集团海外投资有限公司投资的上马相迪A水电站（总投资额1.6亿美元）和中国水利电力对外公司投资的上马蒂水电站（总投资额5830万美元）项目先后开工。① 上马相迪A水电站是尼泊尔境内第一个由中国企业开发建设、运营的项目，也是尼泊尔水电建设史上第一个提前实现发电的水电站。② 在航空领域，目前中国西北民航机场建设公司已承包建设尼泊尔白热瓦机场项目。西藏航空在尼投资成立合资公司喜马拉雅航空，目前已开通四条航线，包括2017年新开通的由加德满都至仰光的航线。③ 香港红狮水泥第三有限公司日产6000吨新型干法熟料水泥生产线及配套12兆瓦纯低温余热发电项目，总投资额约3.6亿美元，目前已完成审批程序，建成后将极大缓解尼泊尔国内水泥供应短缺问题。

二、"一带一路"建设为尼泊尔经济增长提供的新机遇

（一）政策沟通

2013年7月1日，中国对尼泊尔正式实施95%零关税优惠政策，涵盖7831个税目商品。2014年12月5日，两国签署中国对

---

① 《对外投资合作国别（地区）指南——尼泊尔》（2017年版），商务部国际贸易经济合作研究院，2017年12月，第31—32页。
② "中国—水电企业获尼泊尔国家电力局表彰"，北极星电力网新闻中心，http://www.news.bjx.com.cn/html/20180227/882294.shtml。
③ "中尼合资喜马拉雅航空开通加德满都至仰光新航线"，2017年2月27日，http://www.np.mofcom.gov.cn/article/ztdy/ddqy/201703/20170302525517.shtml。

尼泊尔97%税目产品输华零关税待遇的换文，涵盖8030个税目商品。① 2017年5月14—15日，"一带一路"国际合作高峰论坛在中国北京成功举办，尼泊尔副总理兼财政部长马哈拉率团出席会议，中尼双方签署《关于"一带一路"合作谅解备忘录》。双方同意对接各自发展战略，制订双边合作规划，在"一带一路"倡议框架下推进重大项目实施。

（二）资金融通

作为"一带一路"倡议的重要支持举措，中国相关政府主管部门及机构积极拓展新途径，为建设"一带一路"提供更充分和更便捷的资金融通便利及支持，这对于需要大量资金注入以加快国内基础设施建设的尼泊尔将是重大的利好消息。在银行方面，截至2017年底，有10家中资银行在26个共建"一带一路"国家设立68家一级机构，其中包括18家子行、40家分行和10家代表处。在融资规模方面，过去3年，中资银行业机构共参与"一带一路"建设相关项目近2700个，累计授信近4000亿美元，发放贷款超过2000亿美元，相关贷款余额约2000亿美元。②

2018年6月，尼泊尔总理奥利访华达成《中尼联合声明》，在推动双边金融合作方面取得实质性进展。7月底，尼泊尔政府内阁会议原则上同意设立一家中国—尼泊尔共同出资的尼泊尔基础设施开发银行，其实缴资本总额预计将达到1000亿尼泊尔卢比（约为9.134亿美元）。根据尼泊尔法律规定，该银行必须包括至少

---

① http：//www.np.mofcom.gov.cn/article/zxhz/hzjj/201508/20150801080449.shtml.
② "中国银行业累计向'一带一路'发放贷款超2000亿美元"，2018年4月27日，https：//www.yidaiyilu.gov.cn/xwzx/gnxw/54181.htm。

20%的尼泊尔政府或企业股份。① 这一新的融资模式将为提升尼泊尔国内基础设施建设进程提供重要的融资支持。

(三) 设施联通

中资企业已经在尼泊尔国内水电站、道路、机场等基础设施建设中担任主力军角色,为尼泊尔国内互联互通以及经济发展做出了重要贡献。作为第一个由中资企业建设及运营的尼泊尔水电站项目,上马相迪A水电站自2017年1月1日进入商业运营期以来,严格服从尼泊尔电力局统筹电力调度安排,遵守尼泊尔电力局的调度模式,在尼泊尔国家电力紧张的时候,尽量按照电力局的要求,配合其完成输配电规划。②

根据两国联合声明,双方将尽快恢复开通樟木口岸,提升吉隆口岸运行水平,确保阿尼哥公路修复保通,实施沙拉公路修复改善和升级项目,推动尽快修建普兰口岸的斜尔瓦界河桥。③ 2018年6月21日,中国交通运输部与尼泊尔基础设施和交通部签署了关于开展铁路项目合作的谅解备忘录,标志着中尼政府共同推动跨境铁路前期研究迈出实质性步伐。中尼跨境铁路的中国路段是拉日铁路的延伸线,由西藏自治区日喀则引出,向南抵达中尼边境吉隆口岸,总长540千米。④ 尼方希望修建一条从吉隆口岸到尼泊

---

① "Govt to set up Rs 100bn infra development bank under Chinese investment",The Himalayan Times,2018年7月22日,转引自以下网址:http://www.nepalenergyforum.com/govt-to-set-up-rs-100bn-infra-development-bank-under-chinese-investment。

② "中国一水电企业获尼泊尔国家电力局表彰",北极星电力网新闻中心,http://www.news.bjx.com.cn/html/20180227/882294.shtml。

③ "中华人民共和国和尼泊尔联合声明",2018年6月21日,http://www.fmprc.gov.cn/web/gjhdq_676201/gj_676203/yz_676205/1206_676812/1207_676824/t1570976.shtml。

④ "尼泊尔积极参与'一带一路'建设 共同构建跨喜马拉雅立体化网络",《21世纪经济报道》,2018年6月25日,转载自https://www.yidaiyilu.gov.cn/xwzx/gnxw/58602.htm。

尔首都加德满都的高原铁路。尽管两点的直线距离仅有 62 千米，但是却面临着很多重大的困难和挑战。当然，中国未来将与尼泊尔进一步加强铁路领域合作，加强在尼泊尔国内铁路网建设方面的投资与参与，还将向尼方提供技术、人才培养等多方面的支持。

三、中国企业在尼泊尔投资经营遭遇的困难及挑战

（一）尼泊尔国内政治形势及南亚地缘政治变动导致的商业投资风险

从 20 世纪中叶至今，尼泊尔国内政治形势经历多次冲突、动荡及波折，从原有的君主制国家变为共和制国家，从中央集权的单一国家形态改为联邦制三级政府体制。尼泊尔政府更迭频繁，不同政党轮番上台执政，造成前后政策的不连贯甚至相互矛盾。赴尼泊尔投资的中资企业也受到尼泊尔政局动荡的影响。2015 年，尼泊尔新宪法通过之后，政局开始呈现趋向稳定的趋势，在最近的 2017 年底大选中，尼泊尔共产党（联合马列）以较大优势获得议会多数党席位。对包括中国在内的外国投资者来说，较为稳定的政府执政模式有助于经济稳健增长以及形成确定的预期。

（二）尼泊尔行政管理体制效率对于投资者信心的影响

总体来看，尼泊尔行政体系曾经存在着效率较低、吸引外资政策尚不完善、现有优惠政策无法充分落实等问题。特别是在能源、财政、产业投资等涉及外资较多的领域，尼泊尔的政府管理体制存在不少职权重叠情况，造成不同政府部门出于自身部门利益考

虑或者基于对具体议题的不同意见，可能提出相互矛盾和冲突的政策措施。

这种利益或意见分歧在涉及外资参与重大项目时显得更为突出，以中国葛洲坝集团所参与的布迪甘大吉水电站项目建设为例。2017年6月，时任尼泊尔能源部长Janardan Sharma与中国葛洲坝集团签署了建设布迪甘大吉水电站项目的谅解备忘录，拟约定以EPC+F模式对项目进行研究，并提交技术方案与融资方案，经尼泊尔能源部审核后，与业主协商完成总承包合同的签订。11月13日，在一次内阁会议上，尼方决定撤销该水电站项目。尼泊尔副总理卡马尔·塔帕（Kamal Thapa）在推特上表示，将取消与中国葛洲坝集团合作的价值25亿美元的水电站建设项目。[①] 由此看来，一方面，该项目遭遇的困难可能是尼泊尔当时正值大选将临之际，不同政党具有各自的选民群体，需要加以动员和巩固；另一方面，尼泊尔在大型水电项目建设方面还欠缺具有机制性和约束力的招投标及项目合同执行制度，在实践中容易受人为因素影响而导致项目决策的失误，影响到外国投资者在尼泊尔的商业利益。

（三）尼泊尔能源及生产资料供应不充足对企业生产经营的不利影响

尼泊尔地处内陆，资源匮乏，基础设施不完善，缺乏必要的公路、仓库、电力、生产和用水等基础设施，油料和燃气供应不能保障，供需矛盾突出，投资服务设施和配套政策也亟待改善。2015/2016财年，尼泊尔电力峰值需求1430兆瓦，电力缺口528.41兆瓦。目前，尼泊尔与印度之间有400千伏输变电线路连

[①] "尼泊尔考虑或恢复中企承建25亿美金水电站协议"，2017年11月30日，http://www.news.bjx.com.cn/html/20171130/864862.shtml。

接。尼现有装机能力严重不足，水电开发缓慢，自2008年以来竣工水电站规模均未超过70兆瓦。①

同时，水泥等建筑材料需要大量从印度进口，对于工程项目建设会造成不利影响。由于尼国内水泥生产无法满足当地需求，2016/2017财年前10个月尼从印度水泥进口额大幅增长至160.2亿卢比，较前一年同期的79.9亿卢比增长100.5%。② 对于中资建筑企业而言，工程建设中的大量水泥需求基本上只能依靠印度进口。然而，尼泊尔政府却对进口水泥设置了特殊的检验程序，进口水泥必须首先经过环境安全标准检测后，相关企业才能使用印度水泥，由此对企业正常的建设工程进度造成较大的负面影响。印度一方面是尼泊尔季节性过剩能源输出的主要市场，另一方面又是尼泊尔国内能源及生产资料的主要供应国。近些年来，印度实际上已经开始利用其经济影响力对尼泊尔国内政治和政党施加压力，特别是以运输路径受阻为由断绝尼泊尔的石油及生产资料供应。2016年尼泊尔受到印度非正式贸易禁运影响，国内商品和物资短缺，导致上半年物价水平增幅达两位数，虽然到2017年2月初禁运正式解除，但约10%的高物价增速一直持续到当年7月份。③

由于生产及生活资料很多需要依赖进口，在出现物资短缺的时候就会造成生活成本上升，也会造成企业用工成本和各种费用支出的增加。加德满都的生活成本支出在2016年甚至超过新德里、孟买、班加罗尔、卡拉奇等城市，是南亚地区第三昂贵的城市，

---

① 《对外投资合作国别（地区）指南——尼泊尔》（2017年版），商务部国际贸易经济合作研究院，2017年12月，第23页。

② "本财年前10个月尼泊尔从印度水泥进口额增长一倍"，2017年6月16日，http://www.np.mofcom.gov.cn/article/ztdy/zgqy/201706/20170602593790.shtml。

③ "加德满都被评为南亚地区第三昂贵的城市"，中国驻尼泊尔经商参处，2017年3月27日，http://www.np.mofcom.gov.cn/article/redianzhuizong/201703/20170302541385.shtml。

仅次于达卡和科伦坡。在全球133个城市中,与南非首都约翰内斯堡并列第116位。① 直接原因是印度在2016年暂时中断物资供应,但是根本原因是尼泊尔国内生产不足,未来需要增强农业和制造业的生产能力以逐步消除这种短缺现象。

---

① "加德满都被评为南亚地区第三昂贵的城市",中国驻尼泊尔经商参处,2017年3月27日,http://www.np.mofcom.gov.cn/article/redianzhuizong/201703/20170302541385.shtml。

第四章
印度对中尼合作的影响

尼泊尔是一个位于中印两国之间的南亚内陆国家,远离出海口。其地势由北向南逐渐降低,北部是喜马拉雅山地;中部是河谷区,多低山丘陵;南部是冲积平原。尼泊尔北面与中国西藏自治区接壤,终年积雪的喜马拉雅山是中尼两国的天然边界,世界最高峰珠穆朗玛峰就位于中尼边界上,两国之间只有一些山口可以通行。虽然有喜马拉雅山这一天然屏障的阻隔,但也挡不住中尼两国人民密切的经济文化交往,两国人民有上千年友好交往的历史。

尼泊尔东、西、南三面被印度环抱,两国边界长达1800多千米,地势较为平坦。印度和尼泊尔两国人民来往密切,两国的历史、文化、经济、社会相互影响很深。由于两国边界是开放的,印度人和尼泊尔人长久以来一直保持着相互迁徙往来的传统。这种特殊的地缘环境对尼泊尔的政治、经济、社会、文化、外交等各方面都产生了深刻的影响。

尼泊尔是中国西南方向的邻国,同时也是世界上最不发达国家之一,而相邻的中国和印度是世界上经济发展最快的两个新兴经济体。相对而言，中国经济比印度更为发达。尼泊尔非常希望能够从中印两国的经济发展——尤其是中国的经济发展中获得实际利益和发展动力。中国也希望通过自身发展带动包括尼泊尔在内的周边国家的发展。习近平主席曾多次表示，中国愿意为周边国家提供共同发展的机遇和空间，欢迎大家搭乘中国发展的列车。中国愿通过互联互通为亚洲邻国提供更多公共产品。[①]

中尼两国是友好邻邦，中国自中尼两国建交之后就一直向尼泊尔提供力所能及的援助。中国改革开放之后，随着自身经济实力的增强，中国对尼泊尔等邻国的发展援助也逐渐增加。自1956年起，中国开始向尼泊尔提供无偿的经济技术援助，建设了一批项目，主要有公路、砖瓦厂、造纸厂、水电站、纺织厂、制革厂、水利灌溉工程、糖厂和国际会议大厦等，在尼泊尔经济社会发展中发挥了重要作用。截至2005年，中方向尼泊尔政府提供了15.3亿人民币的无偿援助，数量仅次于印度和美国。进入21世纪，中国援尼方式从基础设施援建和补助，逐步发展为软贷款、参与尼泊尔的项目竞标、双边贸易、商业、工业和经济交易，同时鼓励私营企业参与援助。中国"一带一路"倡议提出之后，尼泊尔政府多次表示希望加入孟中印缅经济走廊等"一带一路"项目，[②] 希望借此带动对外经贸往来，推动尼泊尔国内经济发展。2015年，中国提出建设"中尼印经济走廊"的设想，受到尼泊尔方面的热烈欢迎，但由于印度的态度不太积极，中尼印经济走廊迄今未取得实质进展。

实际上，从中尼两国经济合作发展的历史来看，印度一直是影

[①] 邹雅婷："欢迎搭乘中国发展'顺风车'"，人民网－人民日报海外版，2016年11月26日，http://www.politics.people.com.cn/n1/2016/1126/c1001-28897449.html。

[②] "尼泊尔驻华大使：将从孟中印缅和中巴经济走廊建设中受益"，国际在线，2014年3月5日，http://www.gb.cri.cn/42071/2014/03/05/7211s4450295.htm。

响中尼两国经济合作的一个重要因素。要推进中尼两国经济合作，就必须认真研究和了解尼泊尔—印度两国关系、印度对尼泊尔及中尼经济合作的心态，以及印度对中尼经济合作可能的影响。

一、印度和尼泊尔的关系

对尼泊尔来说，对印关系是最重要的双边关系之一。尼泊尔与印度的关系具有一定的"特殊性"和复杂性：两国在民族、文化、宗教等方面有很多共同之处，地缘相近，文化相通，但同时两国间又有着很多的矛盾和冲突，双边关系呈现出复杂的一面，其复杂性主要体现在经济上的依赖性、政治上的控制与反控制、对民族国家独立和安全的关切。

（一）两国在民族、文化和宗教方面有许多共同之处

尼泊尔与印度均属古印度文明的一部分，佛祖释迦牟尼就诞生在今天尼泊尔的蓝毗尼。印度在历史上屡遭外族入侵，每当外敌入侵，大批流亡者就会逃到今天的尼泊尔境内寻求庇护。同样，当尼泊尔国内发生动荡之时，也有很多尼泊尔人流亡到今天的印度境内。古代的印度移民经历了漫长岁月，现在已经完全尼泊尔化了，两国人民的不断迁移和融合，促成了现代尼泊尔民族的形成。尼泊尔的国语是尼泊尔语，就是由北印度和当地的语言融合演化而来。然而尼泊尔人并不认为自己与印度人是同文同种，他们认为自己的祖先是从中亚迁入的，与蒙古人种也存在血缘关系。

1950年，尼印两国签署《和平友好条约》，两国给予对方公民以国民待遇，赋予他们一定的从事工业、贸易和经济活动的权利，

两国居民基本上处于不受限制的自由流动状态。由于两国边境是开放的,现在尼泊尔境内有大批从印度迁入的印度公民。尼泊尔特莱平原地区居住着大量的印度公民。印地语流行于尼泊尔特莱平原地区,可以说尼泊尔南部的社会文化与其毗邻的印度北部地区没有什么区别。另外,作为印度官方语言的英语和印地语,在尼泊尔也很流行。尼印两国在人文交流以及教育、旅游等多方面都有着十分密切的合作。印度政府每年向尼泊尔大中学生提供3000个高等教育奖学金名额,免费让这些尼泊尔学生去印度留学、访学,接受印度的高等教育。

从宗教方面来看,印度教是印度的主要宗教,信仰印度教的人数占总人口的80%以上,而尼泊尔是以印度教为主的国家,其文化是典型的印度教文化。1769年尼泊尔实现统一之后,在统治阶级的大力推动下,印度教文化在尼泊尔得到大发展,逐渐被大多数民族接受。在2006年尼泊尔推翻君主制之前,尼泊尔是世界上唯一一个由宪法规定印度教为国教的国家。由于国家意识形态的定位及统治者的推动,即使是那些非印度教社会群体,也长期处于印度教的熏陶和影响之下。尼泊尔印度教化使尼泊尔面临失去自身国家民族身份认同的危险。尼泊尔害怕被印度母体文化所吸收的担忧,常常因为印度领导人过度强调尼泊尔与印度文化的同质性而得到加强。2006年5月18日尼泊尔议会通过决议,宣布尼泊尔为"世俗国家",废除印度教的国教地位。但2018年5月11日,印度莫迪总理访问尼泊尔,在贾纳克布尔与尼泊尔总理奥利参观了当地著名的贾纳基寺。莫迪在演讲中大谈情感和共同的信仰,试图用印度教固化尼泊尔与印度之间的关系。

近年来,随着现代传媒的发展,印度文化对尼泊尔的影响更大。虽然尼泊尔一直想要塑造独立国家的认同,但民族、文化、宗教上的同质性是尼印之间无法斩断的联系,对尼泊尔的国家认同造成了比较大的阻碍。当尼泊尔遭遇印度在政治上的压制和干涉，经济上对印度的严重依赖以及外交和军事上均不得不受印度干涉指导的时候，文化民族主义便与政治上谋求主权独立的政治民族主义，经济上谋求独立发展国民经济的经济民族主义结合起来，在尼泊尔产生了一种"反印度情绪"。

（二）两国在政治上一直呈现一种控制与反控制的关系

20世纪上半叶，反抗拉纳家族统治的尼泊尔流亡者在印度成立了尼泊尔大会党、尼泊尔共产党等政党，并得到了印度政府的大力支持。尼泊尔大会党的前身是B. P. 柯伊拉腊1946年10月在印度拿布勒斯成立的全印尼泊尔国民大会党，1947年与尼泊尔协会和廓尔喀大会党合并为尼泊尔国民大会党。1950年尼泊尔国民大会党与尼泊尔民主大会党合并组成尼泊尔大会党。尼泊尔大会党在意识形态上和印度国大党相似，具有明显的亲印倾向。

印度独立后，出于对自身安全的关切和对尼泊尔国家地位的重新认知，印度政府支持尼泊尔反对派推翻了拉纳家族的统治并全面介入尼泊尔国内政治，两国建立了"特殊关系"，尼印关系进入"黄金时期"。但马亨德拉国王即位后开始调整尼泊尔的对外政策，坚持不结盟政策，不断发展与中国和巴基斯坦的关系以平衡印度的影响力，触动了印度的战略利益，使尼印关系渐趋紧张，最终恶化。1959年，印度支持尼泊尔大会党B. P. 柯伊拉腊通过大选上台执政。但好景不长，1960年12月，马亨德拉国王解散民选政府，实行党禁，建立了评议会制度，引起印度的强烈反应，尼泊尔的民族主义情绪也因此高涨。印度对中尼关系的发展极为敏感，随着中印关系因边界问题恶化，尼印关系也跌入低谷。此后，印度出于自身安全利益的考虑，调整了对尼泊尔的政策，加大对尼援助力度，但由于尼泊尔坚持大国平衡与"等距离"外交，并且在锡金被印度吞并之后，提出建立"尼泊尔和平区"的主张，以防沦落到锡金的下场，在对印关系中经常使用"中国牌"，尼印关系在磕磕碰碰中向前发展。1989年，尼印关系因尼泊尔购买中国武器而再次陷入危机和僵局。[①]

1989年末，尼泊尔爆发民主运动并取得胜利，三十多年的评议会制度被推翻，建立起多党民主的君主立宪制度。尼泊尔国内重建议会民主机制，为印度提升在尼泊尔的影响力提供了机会和平台。长期以来，印度对尼泊尔政策目标定位为"民主、稳定和安全"，并将"君主立宪"与"多党民主"确定为维护尼泊尔政治稳定的两大基石。因为尼泊尔主要党派和政治势力与印度关系一向比较密切，议会制度重建使印度有更多机会插手尼泊尔内部事务。

但评议会制度被推翻后，尼泊尔国内政治形势并不稳定，各派政治势力争权夺利，动荡的政局为尼共（毛）的发展壮大提供了机会，而这反过来使得尼泊尔政局更加动荡。2001年，尼泊尔发生"王宫血案"，比兰德拉国王一家被害，新国王贾南德拉即位。国内政治局势的动荡给贾南德拉国王提供了亲政的借口。印度希望尼泊尔能够在"多党民主"和"君主立宪"基础上维护尼泊尔的政治稳定，但印方感觉贾南德拉国王独断专行，并且企图"打中国牌"削弱印度的影响力。经过与尼共（毛）接触和协商，最终印度决定抛弃尼泊尔王室，放弃"君主立宪"，暗中支持反对派"七党联盟"与毛主义妥协，实现民主共和。2007年12月，尼泊尔联邦民主共和国成立。

尼泊尔联邦共和国成立之后，尼泊尔进入长达十多年的民主

[①] 参见王宗：《尼泊尔印度国家关系的历史考察（1947—2011）》，世界图书出版广东有限公司，2014年5月版，第2页。

转型期。尼共（毛）、尼泊尔大会党、尼共（联合马列）等政党像走马灯一样换来换去，但无论哪个党派上台执政，都无法回避尼泊尔与印度关系这一课题。印度的影响力在尼泊尔的国内政治斗争中常常起到举足轻重的作用，甚至决定尼泊尔的政局走向。尼泊尔领导人一贯将印度作为出访的第一个国家。尼共（毛）领导人普拉昌达在2008年第一次当选总理后，曾将中国作为其出访的第一个国家，但回国之后不久就被迫下台。当2017年其第二次出任总理后，印度成为其出访的第一个国家。但是，无论尼泊尔国内哪支政治力量上台也都会顾及到"国内民众的情绪"，借助煽动民众的反印情绪来实现自身政治目的更是各政党派别常用的手段。

（三）尼泊尔对印度存在严重的经济依赖

尼泊尔地处中印之间，是一个典型的内陆国家，远离出海口，但通过印度可以直达印度洋。这种特殊的地缘环境决定了尼泊尔在对外贸易领域严重依赖印度。同时，由于尼泊尔经济发展落后，民众日常生活需要的大批物资需要大量进口。北面相邻的中国西藏地区工业比较落后，同时中尼之间由于喜马拉雅山的阻隔，交通不便，使得印度成为尼泊尔最大的经济伙伴和进出口商品通道。封闭的地缘环境与落后的经济水平形成恶性循环，在一定程度上强化了尼泊尔人对印度的经济依赖。统计显示，尼泊尔的出口产品绝大多数都销往印度各地，印度一直是尼泊尔最大的投资国，且为尼泊尔最大的贸易伙伴。尼泊尔国内的基础设施建设也大多依靠来自印度的投资，并由印度的工程企业负责建造。这种经济依赖使尼泊尔在面对印度的经济制裁时束手无策，成为尼泊尔在尼印关系中最大的掣肘因素。

1956—1960年，尼泊尔与印度的贸易占尼泊尔总贸易额的95%，而与包括中国西藏地区在内的其他地区和国家的贸易只占到5%左右。[①]尼泊尔极力想通过对外经济关系的多元化来摆脱印度的控制。马亨德拉国王曾大力发展与区域外国家的贸易和争取多方援助，以期减少对印度的经济依赖。但尼泊尔这种试图摆脱印度控制的行为极易引起印度的不满，招致印度更严厉的经济制裁。两国间《贸易和过境条约》的更新续签问题常常成为印度与尼泊尔政治博弈的筹码。1976年，由于对尼泊尔的平衡外交战略不满，当两国1971年签订的《贸易和过境条约》到期以后，印度在续签问题上不断推脱，导致尼泊尔出现空前的财政危机。1989年，尼泊尔向中国购买武器的行为激怒了印度，《贸易和过境条约》的续签再次成为印度向尼泊尔施压的有力武器。印度拒绝续签并关闭了15个边境贸易点中的13个，对尼泊尔进行经济封锁，使尼泊尔经济几近崩溃，导致尼泊尔政局动荡。虽然随着经济全球化和尼印关系的发展，尼泊尔的对外贸易有长足发展，但受制于封闭的地缘环境，尼泊尔在经贸领域高度依赖印度的状况并没有发生根本改变。

尼泊尔对印度严重的经济依赖关系从2015年下半年印度对尼泊尔的油气禁运事件中可以看得非常清楚。这次尼印纷争缘于印度对尼泊尔新宪法的不满。2015年9月20日，尼泊尔正式出台第一部新宪法。新宪法将尼全国划分为七个省份。由于新宪法未满足印度支持的尼泊尔南部印裔马德西人"单独成邦"的要求，造成大规模街头抗议示威活动。此前印度曾公开为马德西人的诉求向尼三大党施压，在印度要求尼泊尔修改宪法被拒后，印借口尼

[①] M. D. Dharandasani ed., India-Nepal Partnership and South Asian Resurgence (New Dehli Kanishka Publishers 2000) p.110. 转引自吴兆礼：《尼泊尔—印度关系：传统与现实》，《南亚研究》，2010年第1期，第52—64页。

泊尔社会不稳，单方面切断了对尼泊尔的油气供应。由于尼燃油、燃气等大部分物资需要假道印度输入，印度禁运对尼泊尔造成了极大影响，致使尼泊尔经济几乎陷入停滞。① 印度此举使尼泊尔民众的"反印情绪"空前高涨，无奈之下，奥利总理被迫向中国求援。

尼印之间的贸易不平衡问题也是双边关系中的永久话题，是困扰尼印两国关系的不稳定因素，时常伴随其他分歧爆发出来。长期以来，印度始终保持着尼泊尔最大贸易伙伴的地位。随着尼印贸易的增长，双边进出口长期不平衡的态势变得愈加严重。尼泊尔一直要求改善双边贸易不平衡问题，印度对尼方的关切也给予了积极的回应，但鉴于尼印双边贸易的特殊性，短期内完全改变这种状态是不现实的。同时，出于各种考虑，印度对尼泊尔的让步也是有限的，印度对尼泊尔的出口贸易设置了许多条件，成为尼泊尔对印度出口增长的拦路虎。2002年3月，尼印双方修订了贸易优惠条约，印度坚持对尼泊尔出口印度的4种主要产品做出数量限制。2009年10月，尼印签订新的贸易条约和一项控制非法贸易协定。尼工商供应部长马哈图说，新条约解决了尼泊尔所关心的大部分非关税壁垒问题，为尼对印出口提供了便利。但是他强调，协议本身并不会减小尼贸易赤字，关键还在如何用好。尼方提出的对尼成衣征收4%附加关税问题尚未解决。② 总的来看，印度对尼泊尔的让步是有限的，双方在贸易方面的主要矛盾很难解决。

2018年4月初，再度担任尼泊尔总理的奥利上任后首访印度，

---

① "印度对尼泊尔禁运 中国将向尼提供1000吨燃油"，人民网—环球时报，2015年10月26日，http://www.world.people.com.cn/n/2015/1026/c157278-27739051.html。
② "尼印正式签署新贸易条约"，2009—10—28，http://www.mofcom.gov.cn/aarticle/i/jyjl/j/200910/20091006587858.html。

印度对奥利这次访问高度重视，会谈中极力释放友好信号，承诺升级与尼泊尔之间的公路和跨境铁路并开发内陆水道。另外，印度还承诺在农业发展、铁路建设等方面给予尼泊尔援助。

（四）尼泊尔非常担心失去国家独立和民族特性

自1950年尼印两国签订《和平友好条约》之后，两国居民基本上处于不受限制的自由流动状态。尼泊尔移民印度的人数在数百万以上，而同样，印度移民的比例也已经占据尼泊尔总人口的30%左右。数量庞大的印度移民给尼泊尔社会带来了巨大的问题，甚至影响了尼泊尔国内政局的变化，如果不对印度移民进行控制，那么尼泊尔就有可能被印度移民"淹没"，最后变成印度的一个"邦"，成为另一个"锡金"。尼印《和平友好条约》不仅涉及两国居民自由来往问题，还涉及两国的安全防卫以及经济合作等问题，其中不少条款反映了对尼泊尔的限制。尼印《和平友好条约》及其秘密换文，在安全安排上将尼泊尔置于不平等地位，该条约实际上就是两国之间的防务条约，是印度对尼泊尔内政、国防和外交的指导性框架文件。因此，自从1950年《和平友好条约》签订以来，对该条约的性质和覆盖范围的争议就没停止过，要求修改甚至废除该条约的呼声不管是在尼泊尔官方还是民间从来就没停息过，该条约成为影响尼印关系良性发展的一个重大障碍。[①]

尼泊尔联邦共和国成立后，尼泊尔方面要求修改或废除1950年《和平友好条约》的呼声更加高涨。2009年底，尼联共（毛主义）领导人普拉昌达曾猛烈抨击印度干涉尼内政，称印度的"行为就像帝国主义老板"，要求废除同印度的不平等条约。普拉昌达

[①] 参见王宗：《尼泊尔印度国家关系的历史考察（1947—2011）》，世界图书出版广东有限公司，2014年5月版，第4页，第307—308页。

说：" 自从1816年东印度公司同尼泊尔签署《苏高利条约》之后，尼泊尔事实上就变成了之前的英国以及现在的印度的半殖民地。我们需要废除尼泊尔的殖民地身份"。他提出与印度谈判的五项条件，包括废除不平等的1950年尼印友好条约、印度撤出其占领的卡拉帕尼等尼方领土等。《尼泊尔电讯报》评论说，这代表尼泊尔大多数人的看法。

但迄今为止，印度历届政府对于尼泊尔要求修改条约的要求都没有认真对待。1997年，印度总理古杰拉尔访尼时同意就1950年《和平友好条约》问题举行外秘级磋商。此后，两国总理几次就此问题发表相同的声明，但印方的态度一直非常消极。针对尼泊尔领导人关于修改《和平友好条约》的言论，印方反而指责尼泊尔领导人煽动反印情绪，在尼印关系中不断制造麻烦。

印度常常以一种老大哥式的姿态对待尼泊尔，对尼泊尔自主处理国内事务和与其他国家的外交指手画脚。由于实力对比悬殊，面对印度，尼泊尔自然产生一种强烈的"自我保护意识"，对印度采取的任何行为都反映出一个小国面对大国不可避免的恐惧感。但从印度对待邻国的一贯态度看，尼泊尔的担心也不无道理，例如印度在第三次印巴战争中肢解巴基斯坦、吞并锡金、武力干涉斯里兰卡内政、对尼泊尔实行经济制裁等，这些行为无疑加重了尼泊尔对印度霸权主义政策的恐惧感。特别是印度吞并锡金，对尼泊尔的民族心理产生了严重的冲击。尼印关系是一对典型的"小国心态"对"大国心态"的博弈。尼泊尔的民族主义诉求体现在力图摆脱印度对尼泊尔内政、外交、经济、社会等各方面的影响和控制，塑造自身民族身份认同，维护国家主权独立。

尼泊尔的民族主义和"反印"情绪，反映到尼泊尔的外交政策上即体现为尼泊尔的平衡外交战略。积极发展与其他国家的关系，尤其是发展与相邻的另一大国——中国的关系，成为尼泊尔平衡印度影响力的重要手段。

2015年4月，尼泊尔发生8.1级大地震，全国破坏严重。2015年下半年，就在尼泊尔人民尚未从丧失亲人、遭受巨大创伤的悲痛中恢复过来之时，印度因尼泊尔新宪法没有满足尼南部印裔马德西人"单独成邦"的要求而对尼泊尔实施油气禁运。印度的这一行为对尼泊尔的民众心理产生了巨大的冲击，在社会各界产生了极大的政治影响，成为尼印关系的一个分水岭。

二、印度对尼泊尔与中国发展关系的看法

早在英属印度时期，英国殖民当局为确保印度殖民地的安全就策划所谓的"科学边界"，将兴都库什山和喜马拉雅山作为英属印度的北部边墙。英国人认为，喜马拉雅山是印度北部安全的天然屏障，控制了喜马拉雅山各王国，就能有效地保证英属印度北部的边境安全。英国人在锡金和不丹实现了目标，但由于廓尔喀人英勇善战，对英国人的入侵进行了顽强的抵抗，使得英国人最终放弃了直接控制尼泊尔的打算。英国殖民者通过在尼泊尔扶植亲英的拉纳家族，从而具有了影响尼泊尔内政外交的政治影响力。通过加强对南亚喜马拉雅山内陆小国的控制以确保英属印度的安全成为英印政府既定的安全战略。

英国退出南亚次大陆以后，印度政府全面继承了英国殖民者在该地区的特殊利益，将南亚邻国视为自己的势力范围。印度独立后不久，就分别与三个喜马拉雅山国家——不丹、锡金、尼泊尔签订了所谓的双边和平友好条约，以对这些国家的内政和外交进行控制。印度人和英国殖民者一样，认为自己与南亚邻国的战略安全利益是互为一体的，任何对邻国安全与稳定的威胁都被认为是

对印度安全的威胁，任何外部大国对该地区的介入和干涉均被视为是对印度的敌视和不友好。1949年新中国的成立以及1951年中国人民解放军和平解放西藏使得印度政府产生了极大的心理恐慌。印度一向将西藏认为是中印之间的"战略缓冲"，现在由于战略缓冲的消失，加之中国西藏在地理上相对于印度的特殊地缘战略地位，使得印度人将统一的中国作为印度最大的防范对象。

印度的尼泊尔政策主要出于地缘政治考虑。尼赫鲁曾经说过："印度主要的安全屏障（喜马拉雅山）就在尼泊尔的北边，我们决不容许任何人跨越这一屏障。因此，尽管我们体恤尼泊尔的独立，但是我们不能因尼泊尔的任何错误举措——允许外来势力穿越其边境线或是削弱我们的边疆——而使我们的国家安全担负任何风险。"[1] 1950年7月31日，印度与尼泊尔签订了《和平友好条约》，代替了1923年英尼的《永久和平与友好条约》。其中，《条约》第二条规定，"任何国家同第三国发生严重争执、误会有可能影响到两国之友好关系时，必须相互通报"；第五条规定，"尼泊尔政府为了自身安全，可以从印度或者借道印度购买必要的武器物资，但尼泊尔政府必须就此事项事先知会印度政府"。从印度对于中国一贯的防范态度以及三国相邻的地理位置可见，这些内容都可以被看作是直接或间接针对中国的。

1962年中印边境冲突之后，印度对尼泊尔的态度有所改变。印度在1962年中印冲突中的惨败使印度的国际形象严重受损。尼泊尔和斯里兰卡在中印冲突中宣布保持中立，使原本指望这些国家能够坚定站在自己一边的印度领导人大失所望，认为印度的外交政策失败了。为扭转这一局面，印度采取了与苏联结盟，同时对周边小国实行"胡萝卜加大棒"的政策，对表面顺从的国家进

---

[1] C·V·Ranganathan and Vinod C·Khanna, India and China: the Way ahead after "Mao's India War", New Delhi: Har-Rand Publications PVT Ltd., 2000. p. 110.

行安抚和援助,对敢于公开说不的国家进行打压。印度对尼泊尔就采取了这一政策。而尼泊尔则加强与中国和巴基斯坦等国家的关系,对印度进行反制。但印度政府对待中国及其周边小国的地缘政治观念和冷战思维从未发生改变,一直力图全面干预尼泊尔等国的内政和外交,很难秉持一种宽容的态度,做出必要的妥协。几十年来,印度与尼泊尔的关系就在不断的猜疑、对峙、调整、适应中螺旋发展。①

进入21世纪以来,随着中国迅速崛起和中印两国实力差距的扩大,印度对中国在地缘政治方面的防范态度不但没有发生改变,反而进一步增强。印度决策圈和战略界精英将中国视为印度最大的威胁,将中国在全球和地区层面的任何行为都以地缘政治的视角进行分析,以冷战思维和零和博弈观念看待中国与南亚及印度洋国家的经济合作,认为中国与南亚和印度洋国家的经济合作就是为了扩展势力范围,从而包围印度。对于中国在中印边界地区的基础设施建设行为都看作是增强中国优势地位,从而对印度施加压力的做法,并企图通过一些进攻性行为"顶住"所谓来自中方的压力。2017年7月,中印洞朗对峙事件,从印度方面来看,就是因为中国修建道路的行为可能会危及其对不丹的控制,从而引发了印方应激反应。现在,中国和尼泊尔之间有很多新的合作领域,中国参与尼泊尔建设的力度急剧增加,导致印度不安。印度认为,尼泊尔是其传统势力范围,并希望遏制中国的影响力。今天,虽然尼泊尔已经进入共和国时代,但印度从自身安全考虑,试图对尼泊尔进行全面控制的思维模式没有任何改变。

---

① 参见王宗:《尼泊尔印度国家关系的历史考察(1947—2011)》,世界图书出版广东有限公司,2014年5月版,第148—149页,第336页。

三、印度对中尼合作及中尼（印）经济走廊的态度

从20世纪50年代开始，印度对中尼两国合作就一直非常警惕，利用其与尼泊尔密切的政治、经济、社会、文化、宗教等各种关系，不断通过支持尼泊尔境内外的反对派、影响尼泊尔民主进程、对尼泊尔进行贸易禁运、迫使尼泊尔允许印度参与或者承担某些中国感兴趣的工程项目等种种途径，干扰中尼合作。印度所运用的这些手段到今天仍然在使用。其中，通过尼泊尔境内的非政府组织实施破坏是印度使用的手段之一。笔者日前在印度访问期间，印度一著名退休大使就向笔者游说，谈到尼泊尔境内非政府组织之多，背景之复杂。其称，非政府组织约有40000个，包括270个国际非政府组织，其中一些非政府组织与印度和西方关系密切，中国企业在尼泊尔境内开展经济合作所面临的困难很多，企图使中国知难而退。

2015年5月，印度总理莫迪访华期间，中国领导人曾提出中印共同帮助尼泊尔灾后重建和探讨建立中尼印经济走廊（CNIEC），莫迪总理对此作出积极回应，并提议建立联合研究小组探讨中尼印经济走廊倡议。印度外长斯瓦拉杰此后也曾表示，印方对中尼印经济走廊倡议持积极态度，愿通过建立联合工作组，探讨和推进这一进程。[①] 以前，印度一些战略界人士曾表示，如果"一带一路"是从西藏经尼泊尔直接通到印度本土人口稠密地区，

---

① 王毅："中印就共同参与尼泊尔重建以及探讨中尼印三国经济走廊达成共识"，新华网，2015年6月25日，http://www.news.xinhuanet.com/world/2015-06/25/c_1115727074.htm。

不涉及领土争议问题，印度将非常欢迎。① 而尼泊尔早在2013年中国提出"孟中印缅经济走廊"时就表示希望加入，对中尼印经济走廊更加欢迎。但在2015年9月印度强势介入尼泊尔"宪法危机"，对尼实行"边境经济封锁"，使尼印关系恶化之后，印度政府彻底改变了对中尼印经济走廊的看法，对于中尼之间的合作变得非常忌惮，特别担心中尼铁路修通之后将减小尼泊尔对印度的经济依赖。对于中尼建设铁路的计划和中尼印经济走廊，印度战略界仍以地缘政治竞争的零和思维，而不是以地缘经济合作的共赢思维看待，这使得中尼印经济走廊的计划搁浅。中尼之间只能先进行双边合作。

面对印度实施的四个半月贸易封锁，尼泊尔政府决策层深感修建中尼铁路的紧迫性。2016年3月，尼泊尔奥利总理访华时曾强调此行负有"特殊使命"，旨在寻求亲善和支持，与中国加强友好关系，学习中国经验，搭上"一带一路"的快车。奥利总理访华之后，连接中尼两国的跨喜马拉雅铁路规划开始加速推进。尼泊尔政府在新财年预算中宣布要启动拉苏瓦加蒂—加德满都—蓝毗尼的铁路网研究报告，并称该铁路项目将在两年内动工开建。现在至少有中工国际工程股份有限公司和中国铁建股份有限公司表示有意修建连接中尼两国的铁路网。② 但由于印度的暗中干预，奥利总理于2016年7月辞职。继任者尼共（毛）主席普拉昌达在第二次担任总理后，将印度定为首访目的地。直到2017年3月27日，普拉昌达正式访华，向中国领导人承诺，尼方支持"一带一路"倡议，愿积极拓展同中方在贸易投资、交通运输、基

---

① 根据笔者2015年10月10日与印度人民党智库印度基金会研究人员 P. Stobdan 大使的会谈。

② "两家中国企业有意建设尼泊尔铁路网"，商务部网站，2016年7月5日，http://www.mofcom.gov.cn/article/i/jyjl/j/201607/20160701353233.shtml。

础设施、旅游、航空等领域合作，密切人文交流，以更好造福两国人民。

2017年9月，尼泊尔副总理兼外长马哈拉访华，王毅外长在会谈后共同举行的记者招待会上宣布，中方欢迎尼方继续搭乘中国经济发展的快车，愿在"一带一路"框架下加强同尼方的务实合作，也将继续在力所能及范围内为尼经济社会发展提供帮助。"一带一路"倡议是中尼加强互利合作的重大机遇，双方应在"一带一路"框架下不断深化各领域合作，尤其要重点办好以下四件事：首先是规划、建设中尼跨境铁路，铁路会延伸至博卡拉和蓝毗尼。双方已同意积极开展项目勘察、设计、可行性研究、人才培训等合作，争取尽快让这一设想变成现实。二是修复阿尼哥公路和沙拉公路。这两条公路是中尼传统陆路通道，但在2015年的4.25特大地震中严重损毁。双方同意加快推进阿尼哥公路全线修复和沙拉公路修复保通。三是建设樟木、吉隆、普兰三个口岸。中方正在加快对樟木口岸的地质评估和科学设计，争取早日恢复开放。双方同意将拉苏瓦嘉迪—吉隆边境口岸升级改造为现代化的国际口岸，将不断完善口岸设施和功能，以此为依托建设中尼跨境经济合作区。双方同意完善普兰口岸基础设施，使其更好地发挥联通作用。双方还将根据需要，积极研究增开其他口岸。四是深化贸易投资、灾后重建、能源和旅游四大重点领域合作。双方同意争取年内完成中尼自贸协定联合可行性研究。同意按期保质完成已启动的17个灾后重建项目，并帮助尼方加强防灾减灾能力建设。双方同意尽早正式签署能源合作谅解备忘录，加强在油气、水电及清洁能源等方面合作，帮助尼方实现能源来源多元化。双方同意在华办好"尼泊尔旅游年"活动。中方愿为尼航空公司开通更多中尼直航提供便利。尼方也将采取更多措施保障中国游客的安全与合法权益。① 中国国家铁路局已经开始对尼泊尔建设铁路网进行基础性研究。

但中国与尼泊尔的合作经常会因尼印关系的一些因素而受到干扰。印度对尼泊尔的影响远远大于中国，尼泊尔不可能在短期内摆脱对印度的经济依赖。中国一向不干涉别国内政，并且由于与尼泊尔相邻的西藏自治区经济比较落后，交通不甚发达，中国方面不能为尼泊尔提供人民生活所需要的所有物资。由于地理、政治、经济、历史、宗教、文化等方面的原因，印度战略界长期以来以南亚霸主的姿态、以地缘政治的眼光看待其与周边邻国的关系，将尼泊尔、不丹等小国看作其势力范围。这种态度在莫迪总理上台之后不仅没有减弱，而且有所加强。印方绝不愿意让中尼铁路修到尼印两国边境，也不想让尼泊尔成为中国商品销往印度的中转站。同时，印度长期积累起来的影响力渗透到尼泊尔政界的方方面面，这是任何其他国家无法相比的。虽然尼泊尔大多数民众对印度的经济封锁深恶痛绝，但族群分裂使得他们无法团结起来改变现状。即使只从政权稳定的角度出发，尼泊尔各届政府也会努力经营与印度的关系。尼泊尔精英也非常担心尼泊尔沦为中印两国竞争的场所，一些精英人士对中国推动中尼（印）经济走廊的意图还存在疑虑。

2016 年，奥利第一次担任尼泊尔政府首脑，他曾打破首先访问印度的惯例，率先访华。这令印方十分不满和恐慌，施加手段影响尼泊尔政局。2016 年 7 月奥利总理的下台就是这一现状的反映。继任者尼共（毛）主席普拉昌达与中国关系良好，他第一次担任总理时曾将中国作为首次出访的目的地。但第二次担任总理后，普拉昌达却将印度定为首访目的地。2018 年奥利再次成为政

---

① "王毅与尼泊尔副总理兼外长共见记者"，2017—09—07，http：//www.chinanews.com/gn/2017/09-07/8325338.shtml。

府首脑后，遵循了传统，首先访问了新德里。这一状况说明印度对尼泊尔内政影响之大。2016年11月，在印度果阿举行金砖国家峰会期间，当时的尼泊尔总理普拉昌达、印度总理莫迪与中国领导人举行了一次会谈。有人将这次会议看作三国合作的开端，但印度外交部很快就公开宣布这不是三方会议，这表明印度并不赞成三方合作。

就在2017年尼泊尔大选之前的一个月，亲印的尼泊尔政府突然宣布，终止由中国葛洲坝集团投资的布达甘达基水电站建设工程。这项协议总额约为25亿美元（约合158亿人民币），本应成为尼泊尔的"争气工程"。如果完成这个项目，尼泊尔将新增一座1200兆瓦的水电站，摆脱对印度的电力依赖。在亲印度势力的操纵下，尼泊尔中止了这个工程。这种出尔反尔、轻易撕毁合同的失信行为也吓阻了不少投资者。此举在尼国内再度引发了争议，因为几乎所有的人都知道，这正是在印度干预下作出的撕毁协议的决定，而最终损失的无疑是尼泊尔本国。2018年5月莫迪访问尼泊尔期间，奥利内阁宣布将对布达甘达基水电站工程进行"全球招标"，并没有将工程直接"归还"中企。而在莫迪刚刚结束对尼泊尔的访问之后，2018年5月29日，尼泊尔再次收回另一价值16亿美元的水电项目，该项目由中国三峡集团开发建设。尼泊尔财政部长尤巴拉杰·卡蒂瓦达宣布，将自行建造这座装机容量为750兆瓦的水力发电站。实际上，早在2018年4月奥利访问印度前夕，印度政府消息人士就曾表示，莫迪会在奥利访问期间努力说服尼泊尔不要邀请中企建设水电站，"莫迪总理会礼貌、巧妙地阐述强硬要求"。

在2018年4月奥利总理对印度访问期间，印度对尼泊尔大搞"铁路外交"。莫迪在两国总理会晤后举行的联合记者招待会上表示，双方已就尼泊尔铁路接入印度铁路系统达成共识，"我们要把珠穆朗玛峰和大洋（印度洋）连接在一起"。为了积极应对中国基础设施建设的"攻势"，印度除了将在尼泊尔首都加德满都和印度比哈尔邦之间修建一条铁路，还将向尼泊尔开放内陆水运贸易，提供内河航道让尼泊尔货物获得更多的海上通道。[①] 而在2018年5月莫迪对尼泊尔的访问期间，莫迪除朝拜了贾纳克布尔市著名的贾纳基神庙外，还参加了一个名为"罗摩衍那跨境公交线"工程项目的启动仪式。莫迪与奥利一起宣布这条连接印度北部圣城阿约提亚与贾纳克布尔的公交线项目启动，莫迪称其为"一个连接印度与尼泊尔宗教圣地的历史时刻"，这一项目将极大推动两国间的宗教旅游。在莫迪访尼的两日行程中，另一个重点是为印度主导建设的尼泊尔"阿伦三期水电项目"奠基。这一设计容量为900万千瓦的项目耗资15亿美元，是目前尼泊尔吸引的最大单笔海外投资。

四、结语

2018年4月底，印度总理莫迪访问中国武汉，与习近平主席举行了武汉非正式会晤。这是两国领导人在2017年洞朗对峙之后为修复两国关系而做出的重大外交努力。在武汉非正式会晤期间，两国领导人就一系列双边和多边问题达成重要共识，其中包括加强在孟中印缅框架下的经济合作和在第三国的"中印+"合作。通过两国外交部后续发表的声明可以看到，所谓在第三国的"中印+"合作首先是指阿富汗。在尼泊尔总理奥利访华期间，中方

[①] 苑基荣："印度借'铁路外交'捆绑尼泊尔，日媒跳出来说话：牵制中国"，环球时报，2018—04—09，http://www.world.huanqiu.com/exclusive/2018-04/11806408.html? ch = zbs_ vivo_ news。

提出希望能够与尼泊尔、印度开展"2+1"合作。但从莫迪总理结束武汉非正式会晤随即访问尼泊尔的行程和作为来看,印度方面好像对"2+1"合作并不感冒。印度外交界和战略界的精英,他们中的很多人在过去几十年中已经形成了思维定势——势力范围观念、地区霸权心态、民主价值观和冷战思维,他们一直将南亚视作其独有的"势力范围",排斥与其他国家共享。不过,印度国内已有开始探讨和考虑"2+1"的声音,但是否能够实施,前景并不乐观。中国对尼泊尔的处境十分理解,因此,中国希望能够同时加强与印度和尼泊尔的合作,以更好地实现"一带一路"在南亚的推进,打造命运共同体,造福三国人民,同时也为中国西南边疆的稳定安宁营造良好的战略屏障。但在此过程中,印度需要展现一个大国的胸怀。同时,中国需要切实加强在西藏的互联互通基础设施建设。

第五章
中国在尼泊尔投资和援助的企业案例

一、葛洲坝集团

中国葛洲坝集团公司（CGGC）是一家由国务院国有资产监督管理委员会管理，以建筑工程和相关工程技术研究、勘察、设计及服务，水电投资建设与经营为主业的特大型中央企业。葛洲坝国际负责归口管理全集团公司海外经营业务。早在20世纪70年代，葛洲坝集团就曾以分包和经济援助的方式走出国门，参与了非洲和亚洲的多项水利、水电、医疗工程和劳务项目。但这一时期的"走出去"并没有在经济和体制上和国际市场真正接轨。1994年，中国葛洲坝集团公司取得对外经贸业务权、外事审批权和国际招标业务权，开始作为独立的市场主体，以实体型外经企业的身份试水国际市场。长期以来，集团公司积极"走出去"，大力实施"国际化"战略，在海外建设了许多水电项目，如缅甸耶涯水电站、印度尼泊尔西亚阿萨汉水电站、巴基斯坦尼泊尔鲁姆—杰卢姆水电站、伊朗鲁德巴水电站、科威特苏比亚配水工程和柬埔寨斯登沃代水电站、刚果（布）利韦索水电站、埃塞俄比亚GD-3水电站、FAN水电站和特克泽水电站等。①葛洲坝集团公司真正严格意义上的国际业务是其第一个国际EPC项目——尼泊尔上波迪·科西水电站。②葛洲坝集团公司在尼泊尔开展业务的经历颇为曲折，反映了中国水电建筑企业开展国际业务的基本情况。

（一）总体情况

在葛洲坝集团公司国际业务版图中，尼泊尔被评级为核心国别。自20世纪90年代末进入尼泊尔市场以来，葛洲坝集团公司承建了尼泊尔上波迪·科西水电站，2001年并机发电以来一直运行良好，为尼泊尔经济社会发展提供了稳定优质的清洁能源，③查莫里亚项目已在2017年底完成投产发电，当前正在建设的上崔树里3A水电站也即将竣工。

葛洲坝集团公司非常重视尼泊尔在"一带一路"建设中的战略地位。作为连接两个经济大国中国和印度的桥梁，尼泊尔有着得天独厚的地缘优势，在互联互通、产能合作、工业园区等方面有极大的合作空间。2016年11月，葛洲坝集团公司正式在尼泊尔注册成立葛洲坝尼泊尔电力投资公司，拉开了葛洲坝集团"本土化"经营，投资尼泊尔、扎根尼泊尔的新篇章。葛洲坝集团公司以"一带一路"建设带来的发展机遇，与尼泊尔政府提出在2030年成为中等收入国家的目标有效地结合起来，正在给尼泊尔创造极大的发展空间。

---

① "葛洲坝国际EPC项目管理平台"，英思科技网站，http://www.wuhanins.com/insweb3/ch/index.php/index-view-aid-158.html。
② "'走出去'标杆：葛洲坝，虽早醒晚起，却稳扎稳打成业内翘楚"，泰州出国劳务网，2016年11月17日，http://www.tzcglw.com/portal.php?mod=view&aid=173。
③ 苑基荣："中企投资助力尼泊尔经济发展"，《人民日报》，2017年4月13日，第21版。

葛洲坝集团公司自进入尼泊尔市场以来，始终坚持"公平、诚信、共赢"的合作理念，积极践行本土化经营战略，与尼泊尔社会各界真诚合作，始终致力于促进当地社会进步和民生改善。第一，该集团承建的水电站项目，给尼泊尔带来优质清洁电源，有力缓解了尼泊尔的用电紧张。第二，该集团工程建设实施当地采购，广泛使用当地员工，提升了当地员工技能。如尼泊尔上崔树里3A水电站项目部中国和尼泊尔劳务比例达到1∶6，当地员工的技能普遍得到了很大提升，有的成为了项目部高级管理人员，有的成为了机械设备熟练操作手。第三，该集团努力融入当地社会，开展公益事业，塑造了良好的中国形象。在尼泊尔地震期间，葛洲坝集团尼泊尔项目部在自身受灾的情况下，积极开展当地抗震救灾工作，为当地灾民提供避难场所和救援食品，修通毁损道路，并向灾区捐款，赢得了当地民众的广泛赞誉。

2016年3月22日，来华进行正式友好访问并出席博鳌亚洲论坛2016年年会的尼泊尔总理奥利，率团访问葛洲坝国际公司总部，就巩固和深化能源基础设施建设及投资领域的友好合作关系，与葛洲坝集团达成一致意见，欢迎葛洲坝集团全面参与尼泊尔基础设施建设。尼泊尔政府将为葛洲坝集团在尼泊尔发展提供全面支持与帮助。葛洲坝集团表示，愿意发挥电力和基础设施工程领域的强大科技实力和投融资能力，全面参与尼泊尔的电力、水利、交通、市政等工程的投资和建设，积极履行中国企业的社会责任，助力尼泊尔的经济社会发展。[①]

葛洲坝集团将积极顺应中国和尼泊尔两国政府的发展倡议，未来在尼泊尔市场大力开展尼泊尔的水电资源开发，力争将尼泊尔打造成该集团的一大水电投资基地，帮助尼泊尔缓解目前的电力

---

① "奥利欢迎葛洲坝集团全面参与尼泊尔基础设施建设"，中国葛洲坝集团股份有限公司网站，2016年3月25日，http：//www.gf.cggc.cn/zh-hans/node/9691。

短缺局面。同时，该集团也将深化中国和尼泊尔双方在"一带一路"上关于互联互通及工业园区等项目上的合作，为尼泊尔基础设施改善和社会经济发展做出力所能及的贡献。另外，该集团也将加强公司属地化建设，培养和聘用更多当地管理人才和劳务，增加当地的采购和分包，带动当地人才队伍的成长和区域经济的发展。

（二）项目落实的基本情况

1. 项目一：上波迪·科西水电站（Upper Bhote Koshi Hydroelectric Project）

按照1996年年初制订的"要发展就必须开拓新市场、新领域"的经营策略，葛洲坝集团克服起步晚、条件差、经验不足等诸多困难，以尼泊尔、泰国、老挝为主要市场，以中小型项目为突破口，加大国际承包市场开拓力度，终于取得实质性进展。1996年9月5日，葛洲坝集团中标尼泊尔上波迪·科西水电站工程，实现国外承包工程"零"的突破。随后又于当年10月、12月连中泰国马哈·沙瓦特输水泵站、老挝北方四省供水和卫生工程两标。这三项国外承包工程，合同总金额为5590万美元，折合人民币4.64亿元，占葛洲坝集团全年对外签约总额的16.1%。国外承包工程开始成为葛洲坝集团承包工程这一支柱产业的重要组成部分，标志着葛洲坝集团向跨国经营的既定目标迈出了非常重要的一步。[1]

上波迪·科西水电站也被称为波迪·科西水电工程，位于尼泊尔中北部辛都帕乔克（Sindhupalchok）地区Sunkoshi河支流的波

---

[1] "葛洲坝水利水电工程集团"，2010年11月24日，http://www.360doc.com/content/10/1124/15/4174048_72037031.shtml。

迪·科西河上，距加德满都 110 千米，距中国和尼泊尔边境 5 千米，为径流引水式电站。该工程是由美国熊猫公司通过项目融资方式在尼泊尔兴建的私人投资项目，业主是以美国熊猫公司为主体，美国哈扎（HARZA）国际工程公司、尼泊尔喜马尔国际电力公司（Himal International Power Company）与尼泊尔 SOLTEE 公司联合持股的波迪·科西工程有限公司（Bhote Koshi Power Company Private Limited，BKPC），出资方为国际金融公司（IFC）和德国投资银行（DEG），业主为哈扎公司（HARZA）。[1] 整个工程由首部枢纽（包括拦河坝、泄洪拉沙闸、沉沙池、引水洞进口），引水建筑物（包括 3448 米引水隧洞、调压井、压力钢管），发电厂房和开关站，132 千伏输电线路四大部分以及业主营地与维护设施组成。电站正常蓄水位 1434 米，毛水头 148 米，引用流量 36 立方米/秒，安装 2 台发电机组，总装机容量 45 兆瓦，年发电量 246 亿瓦时。

波迪·科西水电工程是中国葛洲坝水利水电工程集团有限公司（以下简称"集团公司"）通过国际公开招标中标承建的第一个水电工程项目，为国际 BOT（兴建、运营、移交方式）工程，项目总金额为 9800 万美元，[2] 交钥匙固定合同总价为 4634 万美元。作为总承包商的集团公司与业主签署了集"工程设计、采购、施工"于一体的"一揽子"合同（即 EPC 合同）。这是集团公司第一个以总承包商身份履约 EPC 合同及成套"交钥匙"的工程项目。该合同具有风险大、责任大、质量标准要求高等特点。业主和承包商建立了有效的质量管理机构，制定了严格的质量控制和检测标准，按照 EPC 合同要求，主要抓了设计、设备采购、原材料采购、

---

[1] "尼泊尔上波迪·科西水电站"，中国葛洲坝集团股份有限公司网站，2008 年 7 月 12 日，http://www.cggc.ceec.net.cn/art/2008/7/12/art_7376_246997.html。

[2] Breeze, Paul, *Power Generation Technologies*, Burlington：Newnes. 2005, p. 120.

施工等 4 个环节的质量控制。经检测，各项质量指标均满足合同要求，积累了国际工程的质量管理及控制经验。①

上波迪·科西水电站让葛洲坝集团付出了高昂的学费。等待大坝设计图纸就耽误了半年工期；厂房总布置图的图纸设计前后提交了 60 多稿；设计的 10 万方混凝土飙升到 20 万方；尼泊尔每年雨季长达 5 个多月，至少有 3 个月交通会中断，生产生活物资都靠人背肩扛，都大大超出了葛洲坝集团的最初规划，不仅增加了时间成本，也提高了具体运作的其他相关成本。然而，即便在这样的情况中，葛洲坝集团依然坚守着艰苦奋斗的优良传统，吃大苦，耐大劳，出大力，流大汗，建设工程不能断。桥在雨季的时候被冲断了，工程人员就用汽车把混凝土运到河边，然后再用泵车转运进工地。在缺吃少喝的情况下，工程人员依然坚持在最前线。然而，项目无可挽回地延滞了工期，巨额履约保函全部被没收，没有任何商量的余地。②

上波迪·科西水电站建设从 1999 年正式开始，一直到 2000 年才最终竣工，到 2001 年开始并机发电，进入商业运营阶段，至今一直运行良好，为尼泊尔经济社会发展提供了稳定优质的清洁能源。2015 年 6 月和 2016 年 9 月，美国美华集团（MWH Global）对 2014 年 8 月 2 日雨后山体滑坡、2015 年 4 月 25 日地震后以及其他自然灾害造成的工程状况进行了分析评估，认为项目工程状况良好。③

---

① 谭华、吴刚龙：“尼泊尔波迪·科西国际工程质量管理及控制”，电力文库网站，2009 年 3 月 27 日，http://www.tech.chinapower.com.cn/html/dianlijishu/jishuzhishiku/2009/0327/12502.html。

② "ENR：见证葛洲坝集团'走出去'历程"，中国电力工程顾问集团中南电力设计院网站，2013 年 9 月 5 日，http://www.csepdi.com/news/Neng/2076.html。

③ Michael Bruen, James Witnik and Bikram Sthapit, "Surviving Three Natural Disasters: Lessons Learned at Upper Bhote Koshi in Nepal", *The HydroWorld*, November 1, 2017, https://www.hydroworld.com/articles/hr/print/volume-36/issue-9/articles/surviving-three-natural-disasters-lessons-learned-at-upper-bhote-koshi-in-nepal.html.

2. 项目二：查莫里亚水电站项目（Chameliya Hydropower Project）

查莫里亚水电站位于尼泊尔远西达楚拉地区的查莫里亚河上，坝址距尼泊尔首都加德满都975千米，装机总容量30兆瓦，设计坝高和坝长分别为54米和88米。葛洲坝集团一公司尼泊尔查莫里亚项目部主要承担了电站土建工程，工程项目主要包括混凝土大坝、进水口及连接洞、地下沉砂池、溢洪道、大型交通钢架桥及永久交通道路、引水隧洞、压力钢管、厂房及开关站、土石围堰、导流洞、交通洞、冲砂洞、尾水出口构筑物等，主要工程量包括：土石方明挖97.4万立方米、洞挖22.9万立方米、土石方填筑36.8万立方米、混凝土浇筑14.3万立方米、钢筋制安5260吨、水泥灌浆9750吨、锚杆33316根；喷射混凝土13.5万平方米、型钢支撑及钢筋拱架3239套（洞内）、重162吨钢架桥1座。

查莫里亚水电站项目业主为尼泊尔电力局（NEA），工程师为尼泊尔私人顾问联合公司（SCI）派出，资助方为韩国进出口银行（Exim Bank of Korea），采用施工总承包模式实施。查莫里亚水电站建成后将解决尼泊尔西部边远地区供电紧张状况，同时可向印度国家电网供应电力，促进当地社会经济发展。

2006年12月21日，尼泊尔查莫里亚水电站土建项目合同签字仪式在首都加德满都举行，中国葛洲坝集团公司与尼泊尔政府电力局负责人签署了合同。这一项目是尼泊尔政府投资的水电项目，合同金额为3989万美元。电站建成后，将极大改善贫困的尼泊尔西部边远地区的供电状况，提高当地人民的生活水平并促进经济发展。[①] 2007年1月10日，工程正式动工。

2008年5月，由葛洲坝集团一公司承建的尼泊尔查莫里亚水

---

① 陈乔炎："中国公司将承建尼泊尔水电站土建项目"，国际电力网网站，2006年12月24日，http://www.power.in-en.com/html/power-59253.shtml。

电站首部交通洞工程，成功掘进至 2 号沉沙池施工部位，取得了该项工程施工的关键性胜利。首部交通洞位于尼泊尔查莫里亚河右岸，属城门型结构，洞长 182.315 米（不含 1 号、2 号沉沙池之间的连接段长度），洞径 4.6 米×4.75 米，洞挖方量 3330 立方米。为加快施工进度，葛洲坝集团工程项目部强化现场管理，主动加强与现场工程师的协调、沟通，确保了测量、布孔、钻爆、排险、出碴、地质素描、支护及验收等各道工序的及时跟进。首部交通洞工程是 1 号、2 号沉沙池分层钻爆开挖施工的重要施工道路，也是日后沉沙池运行管理的唯一交通道路，它的圆满完成为后续沉沙池施工创造了条件。[1]

2008 年 9 月 11 日，查莫里亚水电站首部工程引水系统 1#连接洞顺利贯通。这是该工程继导流洞、交通洞和引水系统 2#连接洞全面贯通后的又一阶段性成果。[2] 11 月 20 日，尼泊尔查莫里亚水电站工程导流洞开始浇筑第一仓混凝土，标志着该导流洞工程已经开始进入混凝土衬砌的新阶段。[3]

2009 年 1 月中旬，查莫里亚水电站通风洞顺利贯通，成功转入调压井顶拱开挖施工阶段。查莫里亚水电站通风洞工程长 156 米，城门型结构，合同开挖总方量为 1242 立方米。因该工程地处断层褶皱岩地带，岩石破碎严重，施工难度较大。葛洲坝集团一公司查莫里亚项目部根据岩石特性，采取人工挖掘与"短进尺、

---

[1] 中国葛洲坝集团股份有限公司："葛洲坝承建尼泊尔查莫里亚水电站施工取得实质进展"，国务院国有资产监督管理委员会网站，2008 年 5 月 20 日，http：//www.sasac.gov.cn/n2588025/n2588124/c4167857/content.html。

[2] 钱军辅："尼泊尔查莫里亚水电站工程 1#连接洞顺利贯通"，中国葛洲坝集团国际工程有限公司网站，2008 年 9 月 25 日，http：//www.gzbgj.com/art/2008/9/25/art_7615_262443.html。

[3] 中国葛洲坝集团公司："葛洲坝承建的查莫里亚电站导流洞开浇混凝土"，国务院国有资产监督管理委员会网站，2008 年 11 月 26 日，http：//www.sasac.gov.cn/n2588025/n2588124/c3845673/content.html。

弱爆破、强支护"相结合的方法作业，经过 210 天的艰苦奋战，终于实现了通风洞贯通的既定目标。①

2009 年 7 月 26 日，查莫里亚工程首部区域发生堰塞湖事件。受其影响，首部大坝区域右岸近 250 米施工道路完全被洪水冲毁，首部大坝区域被洪水淹没。位于首部 1#支洞附近的营地、库房、加工厂、小型拌合站等设施被全部冲毁，大量的施工材料、施工机具被冲走，供风、供水及供电设施被冲毁，首部大型拌合站及大量施工设备被毁坏或淹没，导流洞进口段及洞内完全被砂砾石堵塞，顺利截流的难度增大。尽管如此，工程项目部还是努力克服重重困难，创造条件，全力恢复现场临建设施、抢修及新购设备、采购物资，加快河床、导流洞清淤和围堰上游黄土铺盖进度，为上游围堰施工戗堤成功截流奠定基础。随后，工程项目部全体干部职工强调继续发扬葛洲坝集团"敢打硬仗、善打恶仗、能打胜仗"的优良传统，牢固树立"干好工程是硬公关"的思想，科学施工，精心管理，确保施工优质、安全推进。②

2009 年 12 月 2 日下午 2 时，查莫里亚水电站截流告捷，为后续混凝土浇筑奠定了坚实基础。查莫里亚河河谷狭窄，水流湍急，能否顺利截流一直是项目部关注的重点。为确保厂房封顶的重大节点工期目标的圆满实现，2009 年 4 月 28 日，查莫里亚水电站厂房开始进行混凝土浇筑施工。

2010 年 3 月 9 日，尼泊尔查莫里亚水电站工程调压井开挖完毕，引水隧洞 3 号支洞下游面全断面贯通，随即进入水平调压室

---

① "葛洲坝集团承建的尼泊尔查莫里亚水电站通风洞贯通"，国务院国有资产监督管理委员会网站，2009 年 2 月 6 日，http://www.sasac.gov.cn/n103/n86114/n326638/c892972/content.html。

② "葛洲坝集团承建的尼泊尔查莫里亚水电站成功截流"，国务院国有资产监督管理委员会网站，2009 年 12 月 9 日，http://www.sasac.gov.cn/n2588025/n2588124/c4211649/content.html。

860米高程以下开挖扫尾施工阶段。调压井系统由水平调压室和调压井两部分组成,其中调压井高度为49.17米,开挖洞型为圆形,衬砌前断面直径为9.2米。此次完工的项目主要是调压井和水平调压室860米高程以上大部分施工项目。由于调压井施工部位岩石极为软弱破碎,且开挖垂直高度大,若按原设计方案,不仅施工难度大,进度缓慢,且存在安全隐患。为化解现有施工矛盾,工程项目部通过反复研究,决定采用从引水隧3号支洞下游面进行水平调压室860米高程以上开挖,从通风洞进行调压井907.4米高程以上开挖,对调压井垂直段采用地质钻机钻孔和平行直眼掏槽布孔方式,自下而上分段深孔爆破施工导井,再扩挖成型的施工方案。施工中,工程项目部精心组织,严格管理,确保了工程建设顺利推进。[1]

2010年4月27日,尼泊尔查莫里亚水电站大坝首仓混凝土开浇,这标志着该工程正式进入850米高程以下混凝土浇筑阶段。查莫里亚水电站是尼泊尔西部在建的最大水电站项目,该工程大坝由4个非溢流坝段、3个溢流坝段、1个门库坝段及1个进水口段组成。大坝基础混凝土浇筑是该工程2010年安全度汛的最关键性项目。首仓混凝土的顺利开浇,为工程安全度汛创造了条件。[2]

2010年7月,浇筑至850米高程的查莫里亚水电站大坝基础区域全部被洪水淹没,直至10月底洪水消退后,开始艰难的砂石淤积清理及现场恢复施工。2010年末,尼泊尔查莫里亚水电站工程开始恢复大坝基础3号坝块混凝土浇筑施工,标志着该工程进入2011年雨季前大坝基础高强度混凝土浇筑施工的攻坚阶段。受尼

---

[1] 中国葛洲坝集团公司:"葛洲坝集团贯通尼泊尔查莫里亚水电站调压井全断面",中国网,2010年3月17日,http://www.china.com.cn/economic/txt/2010-03/17/content_19628027.htm。

[2] "葛洲坝集团承建的尼泊尔查莫里亚水电站大坝开仓浇筑",凤凰网,2010年5月6日,http://www.finance.ifeng.com/roll/20100506/2153587.shtml。

泊尔当地漫长雨季及地理、交通运输条件影响，按照施工计划，大坝基础在2011年汛期前要浇筑至868米高程，混凝土浇筑总量达2万多立方米，施工难度大。葛洲坝集团一公司查莫里亚工程项目部提前进行了大坝恢复施工的前期策划、组织等相关准备工作，科学组织施工，确保了工程施工的顺利推进。

2011年1月25日，尼泊尔查莫里亚水电站1号沉沙池底部抽槽完成。至此，查莫里亚水电站1号、2号两个沉沙池开挖顺利完工，为后续洞室衬砌施工创造了条件。尼泊尔查莫里亚水电站工程沉沙池项目由1号、2号两个沉沙池组成，沉沙池洞型结构为城门洞型，单个沉砂池长度为106米，最大宽度为13.4米，最大高度为33.015米，两个沉砂池之间相距19米，合同开挖总方量为60444立方米。沉砂池的上游分别与1号、2号连接洞相连，下游与引水隧洞汇合段相连，顶层与交通洞相连，底层与冲砂洞相连，因此处于首部区域洞室群的核心地带，是十分重要的控制性工期项目。为加快沉沙池开挖进度，葛洲坝集团工程项目部结合现场实际，优化施工方案，精细现场施工管理，强化安全、质量监控，确保了施工顺利进行。[①]

2011年11月，查莫里亚水电站引水隧洞部分贯通，2012年5月引水隧洞全部贯通。水电站引水隧洞工程全长4067米，隧洞直径为5.2米，其中1号支洞下游至2号支洞上游工作面全长2116米，约占总洞长的52.03%，是引水隧洞分段施工部位中最长的一段。查莫里亚水电站引水隧洞工程地质条件复杂，岩石状况从上游至下游依次呈现为白云岩、板岩、板岩夹白云岩和白云岩夹绿泥石等形态，大量洞段为泥石地质，洞内大量渗水（最大渗水量约1600m^3/小时）且在引水隧洞沿线存在两处较大跨度的断层，其

[①] "葛洲坝集团承建尼泊尔查莫里亚水电站沉沙池开挖完工"，新浪网，2011年2月1日，http://www.finance.sina.com.cn/chanjing/gsnews/20110201/09289339654.shtml。

中在1号支洞下游至2号支洞上游面之间的推力断层长达10米。这不仅给施工进度及质量安全带来了极大压力,而且加大了费用成本。为加快施工进度,工程项目部施工人员每天在被渗水湿透的情况下,一方面攻坚克难,积极处理洞室施工过程中的各种问题,另一方面严格执行操作规程,认真按照"弱爆破,短进尺,强支护"和人工开挖相结合的方式进行洞室施工。据统计,引水隧洞开挖施工中累计进行钢拱架施工1900多套,管棚施工总长度3万多米,通过采用强支护措施,较好地保证了洞挖施工进度和施工安全。[1] 之后,因严重的地质缺陷致使854米的引水隧洞产生严重挤压变形,部分严重变形洞段由原洞径5.2米变形为不足3米。

2012年8月27日上午8时许,历经39个月顽强拼搏,随着厂房最后一罐混凝土浇筑完成,尼泊尔查莫里亚水电站厂房顺利封顶。这是该水电项目取得的重要阶段性成果。查莫里亚水电站厂房上游边坡地质结构差,极易发生滑坡。在厂房边坡开挖、支护过程中,因地质缺陷原设计坡比不能满足稳定要求,厂房边坡开挖完成后进行二次高边坡开挖、支护及处理。承担施工任务的葛洲坝集团一公司职工众志成城,齐心协力,克服了山体滑坡、材料紧缺等负面因素影响,解决了建设中遇到的诸多难题。在厂房混凝土浇筑过程中,工程项目部严格管控现场,狠抓进度,重质量,保安全。施工人员在面对诸多客观原因导致材料供应短缺的情况下,主动维护队伍稳定,合理调配施工任务,认真做好对其他部位的协助施工工作,充分表现了同舟共济的团结精神。[2]

由于实际复杂程度和建设难度超过预期,工程项目进度不得不

---

[1] "葛洲坝集团承建的查莫里亚水电站引水隧洞部分贯通",北极星电力新闻网,2011年11月29日,http://www.news.bjx.com.cn/html/20111129/326322.shtml。
[2] 中国能源建设集团有限公司:"中国能建承建的尼泊尔查莫里亚水电站厂房封顶",国务院国有资产监督管理委员会网站,2012年9月7日,http://www.sasac.gov.cn/n2588025/n2588124/c3854286/content.html。

有所延迟。尼泊尔电力局和项目官员认为，打通854米的引水隧道变形段需要更多的时间，压力水管的建设材料用钢材替代原计划的钢筋砼，造成建设项目一再延误。另外，2012年5月宪法议会被解散也阻碍了项目工程。[①] 经过友好磋商，工程竣工日期从原来的2011年5月推迟到2013年8月，后来又再次推迟到2015年3月。

2013年5月14日，随着最后一方混凝土的顺利浇筑，尼泊尔查莫里亚水电站尾水箱涵施工完成。该尾水箱涵长707.357米，设计方量1.58万立方米，是查莫里亚水电站控制性项目之一。尾水箱涵地理位置特殊，处于查莫里亚河与厂房中间，并且有一条极大的冲沟正对着箱涵，直接关系着汛期厂房的安全。为保证安全度汛，项目部赶工期、提进度，力争当年主汛期来临之前，完成尾水箱涵全部施工任务，力保度汛安全。项目部采取多种有效举措推进工程进度，一方面精心组织施工，另一方面加大对水泥、钢筋等主材的采购力度，加大对人员、机械设备等资源的倾斜，保工程质量的同时力保工期不落后。查莫里亚水电站进入汛前施工目标冲刺阶段，大坝主体工程已初具雏形，厂房砌体完成大部，尾水箱涵顺利完工、引水洞变形段方案也已确定。项目部将后期工作重点转移到引水洞变形段处理上，努力实现到2015年4月完成该项目。[②]

由于引水洞变形段处理产生了巨额的额外费用，而尼泊尔政府拒绝向葛洲坝集团支付这笔费用，并且长期不予确定变形段处理

[①] Prithvi Man Shrestha, "Completion date of Chameliya Hydro Project pushed back four years", The Kathmandu Post, April 26, 2013, http://www.kathmandupost.ekantipur.com/printedition/news/2013-04-26/completion-date-of-chameliya-hydro-project-pushed-back-four-years.html.

[②] 胡伟：“尼泊尔查莫里亚水电站尾水箱涵施工完成”，中国葛洲坝集团第一工程有限公司网站，2013年5月15日，http://www.cggc1.ceec.net.cn/art/2013/5/15/art_19581_799642.html。

价格，工程建设工作在2014年5月一度停止。时任能源部长Janardan Sharma约见了葛洲坝集团负责人，要求立即恢复建设工作。葛洲坝集团对此作出书面说明，认为延误主要是尼泊尔电力局的工作失误造成的。葛洲坝集团认为，工程项目在落实过程中遭遇到设计图纸延误、业主资金支付大量延误、大量设计变更、工程量大幅增加、地质缺陷严重、围堰被洪水冲毁、泥石流"堰塞湖"、引水隧洞严重变形；项目位置偏远，道路基础设施差，材料难以抵达；罢工骚乱频发，扰乱正常施工；资源严重短缺、主要建筑材料短缺，不能及时供应满足需要；印度对部分货物禁运、尼泊尔政府协调难度大等等一系列困难和不利因素，才造成了工期拖延。[1] 2014年6月27日，尼泊尔能源部长主持尼泊尔电力局理事会会议，决定将该项目预算从原来的126.6亿增加到150.6亿卢比。[2]

2016年9月查莫里亚项目参建各方举行联合会议，确定2017年12月29日为工程项目的新完工日期，并且业主恢复对承包商葛洲坝集团实施变形段处理工程款支付。2016年9月30日查莫里亚水电站土建项目全面复工。在葛洲坝集团公司、国际公司及一公司的正确领导及大力支持下，项目部克服了洞室地质条件极差、洞内大量渗水、变形段处理安全风险等重重困难，通过精心组织、合理安排、优化方案，最终安全顺利地提前完成了业主、工程师及项目部三方联合制定的压缩工期计划，实现了引水洞854米变形

---

[1] ASHOK THAPA, "Contractors trade blame over delay in Chameliya hydro", *The Kathmandu Post*, August 9, 2013, http://www.kathmandupost.ekantipur.com/printedition/news/2013-08-09/contractors-trade-blame-over-delay-in-chameliya-hydro.html. Chameliya Hydropower Project: Technical glitch puts off transmission test, *The Kathmandu Post*, November 5, 2017, https://www.kathmandupost.ekantipur.com/news/2017-11-05/technical-glitch-puts-off-transmission-test.html.

[2] SANJEEV GIRI, "NEA revises Chameliya hydropower project cost", The Kathmandu Post June 29, 2014, https://www.kathmandupost.ekantipur.com/news/2014-06-29/nea-revises-chameliya-hydropower-project-cost.html.

处理、导流洞封堵及支洞封堵、溢流堰面洪水滚石损毁处理等关键节点目标。①

2017年12月21日至12月22日，在尼泊尔查莫里亚水电站项目业主尼泊尔电力局、项目咨询工程师和中国葛洲坝集团查莫里亚项目现场工作人员的共同见证下，尼泊尔查莫里亚水电站成功下闸蓄水，正式进入过水试验阶段。这标志着查莫里亚水电站主体土建工程全面完工。12月23日，尼泊尔查莫里亚电站开始发电试运行，如期完成发电目标。当地媒体认为，工程延期和其他问题，以及输电线路建设，造成查莫里亚水电站建造成本达到5亿卢比/兆瓦，超过了一般项目1.5亿—2亿卢比/兆瓦的价格。② 查莫里亚项目部在施工过程中克服重重困难，顺利下闸蓄水，并收到业主贺信认可，为项目下一步的发电运行目标奠定了坚实的基础，展现了葛洲坝集团作为国际承包商的优良品质和履约能力。③ 2018年1月13日，该项目实现了发电并网。

2018年2月10日，尼泊尔查莫里亚水电站发电庆典仪式在查莫里亚厂房举行。尼泊尔总理谢尔·巴哈杜尔·德乌帕（Sher Bahadur Deuba）、能源部部长、能源部部秘、尼泊尔电力局局长、中国葛洲坝集团第一工程有限公司副总经理雏志旺及尼泊尔各界领导共同出席了查莫里亚发电庆典仪式。在庆典仪式上，尼泊尔总理、副总理感谢葛洲坝集团及参建各方对该项目建设作出的贡献，肯定了查莫里亚发电对尼泊尔西部及全国电力紧张局势缓解起到

---

① 杨霁宇："尼泊尔查莫里亚水电工程项目下闸蓄水"，中国葛洲坝集团股份有限公司，2018年1月5日，http：//www.gf.cggc.cn/zh-hans/node/19758。

② "Nepal takes a decade to build hydro project", The Kathmandu Post, Dec. 24, 2017, https：//www.kathmandupost.ekantipur.com/news/2017-12-24/nepal-takes-a-decade-to-build-hydro-project.html.

③ 尼泊尔查莫里亚项目部："尼泊尔查莫里亚水电工程项目成功下闸蓄水进入过水试验阶段"，中国葛洲坝集团第一工程有限公司网站，2017年12月27日，http：//www.cggc1.ceec.net.cn/art/2017/12/27/art_13532_1547920.html。

的积极作用及对尼泊尔经济发展所起的积极作用,指出查莫利亚的发电将积极推动尼泊尔经济的发展,欢迎葛洲坝集团更多参与尼泊尔的基础设施建设。[1]

3. 项目三:上崔树里 3A 水电站项目(Upper Trishuli 3A Hydroelectric Project)

中国葛洲坝集团股份有限公司于 2010 年 1 月 4 日收到尼泊尔电力局《中标通知书》,公司中标尼泊尔上崔树里 3A 水电站项目,合同金额约为 1 亿美元。[2] 经过商谈,2010 年 5 月 31 日,中国葛洲坝集团股份有限公司与尼泊尔电力局(NEA)在尼泊尔加德满都签订了尼泊尔上崔树里 3A 水电站项目商务合同。合同生效条件是需要得到中国和尼泊尔相关政府部门批准。

该项目属融资项目,为中国政府与尼泊尔政府间的优惠贷款项目,需中国有关银行和尼泊尔财政部之间关于本项目的贷款协议生效;承包商向业主提交履约保函。该项目业主单位是尼泊尔电力局,业主咨询顾问单位是中国水电顾问集团西北勘测设计研究院。尼泊尔上崔树里 3A 水电站项目合同金额 9225.2632 万美元和 685304849 尼泊尔卢比(按 1 美元 = 80.45 尼泊尔卢比固定汇率折算,合 1.00771027 亿美元)。该项目开工日以业主正式发布开工令为准,于开工后 35 个月内完工。合同条件采用 FIDIC《EPC/交钥匙项目合同条件》1999 版 "EPC 及交钥匙合同条件"。[3]

上崔树里 3A 水电站项目位于尼泊尔中部巴格马蒂(Bagmati)区的 Rasuwa 区域,位于已建崔树里电站的首部枢纽北部 15 千米

---

[1] 欧涛、周凡:"尼泊尔总理出席查莫里亚水电站发电仪式",中国葛洲坝集团股份有限公司网站,2018 年 2 月 14 日,http://www.gzbhjgs.com/show.php?id=27&tid=2097。

[2] "'葛洲坝'中标尼泊尔上崔树里 3A 水电站项目",凤凰网,2010 年 1 月 4 日,http://www.finance.ifeng.com/stock/ts/20100104/1663286.shtml。

[3] "中国葛洲坝集团股份有限公司重大合同后续公告",《证券时报》,2010 年 6 月 1 日,第 D5 版,http://www.epaper.stcn.com/paper/zqsb/html/2010-06/01/content_182941.htm。

处，是崔树理河下游4个梯级电站之一。该项目工程为径流式水电站，主要结构物包括溢流堰、取水口、引水渠、沉砂池、4.12千米长引水隧道、调压井、斜井、地下厂房、尾水渠、输电线和辅助设施，地下厂房安装2台立轴式水轮发电机，总装机容量60MW，预计年发电量为491兆瓦时。葛洲坝集团承担该工程土石方开挖、填筑、洞挖、混凝土浇筑、金属结构制作及安装等项目，合同工期35个月。①

葛洲坝集团一公司自2010年6月进场，开始工程"三通一平"②施工准备，当年10月完成主体临建施工，并同期进行大坝基坑开挖施工。

2011年2月28日，中国政府经贸代表团与尼泊尔财政部签署尼泊尔上崔树里3A水电站优惠贷款框架协议。随后中国进出口银行与尼泊尔方签订贷款协议。这标志着葛洲坝集团一公司承建的上崔树里水电站项目正式进入实施阶段。中国政府为该项目提供了6.4亿元优惠贷款，偿还期限为25年，年利息率为1.75%。这也是中方向尼泊尔提供优惠贷款建设的首个EPC总承包工程。优惠贷款框架协议和贷款协议的签订，为葛洲坝集团进一步巩固尼泊尔建筑市场、实现国际工程滚动式发展奠定了坚实基础。③ 2011年6月，主体工程开始施工。

2011年11月23日，尼泊尔政府为上崔树里3A水电工程举行奠基仪式。中国驻尼泊尔大使杨厚兰、驻尼泊尔使馆经商参赞白

---

① "中国葛洲坝集团股份有限公司重大合同后续公告"，《证券时报》，2010年6月1日，第D5版，http://www.epaper.stcn.com/paper/zqsb/html/2010-06/01/content_182941.htm。

② 是指建设项目在正式施工以前，施工现场应达到水通、电通、道路通和场地平整等条件。

③ 中国葛洲坝集团公司："葛洲坝承建的尼泊尔上崔树里3A水电站进入实施阶段"，国务院国有资产监督管理委员会网站，2011年3月8日，http://www.sasac.gov.cn/n2588025/n2588124/c4053431/content.html。

东民和尼泊尔能源部长博加蒂、崔树里所在巴格马蒂地区的主要政党领导人及当地村民近千人出席。① 2011年11月25日，驻尼泊尔大使杨厚兰会见尼泊尔电力局上崔树里3A水电站项目负责人夏尔马。夏尔马感谢中国政府对该项目的支持，表示愿同中方共同努力，确保项目按期完工。杨厚兰大使表示，中国和尼泊尔在水电领域合作潜力巨大，上崔树里3A水电站是两国水电合作示范工程，中方将尽全力确保项目按期保质建成，希望尼泊尔方为项目的顺利进行提供切实支持和保障。②

2012年3月，大坝一期混凝土开始浇筑；2012年6月，引水洞开始施工。

2013年，尼泊尔上崔树里3A水电站项目掀起了大干60天确保工程二期截流目标按期现实的劳动竞赛。项目部全体职工在保证工程安全和质量的前提下，日夜奋战赶进度抢工期。2014年2月6日，上崔树里3A水电站全面满足一期工程过水要求，2月7日，一期围堰破堰顺利过流，2月8日，二期围堰龙口顺利合拢，完成一期大坝过水，胜利实现工程二期截流目标，为项目后续工程创造了良好开端，为下一步工程施工全面展开赢得了宝贵时间。中国驻尼泊尔大使馆经济商务参赞彭伟、葛洲坝集团上崔树里3A项目经理王紫阳、中国水利水电顾问集团西北勘察设计研究院项目监理王碧以及尼泊尔电力局分管副局长Sher Bhat等出席了截流仪式。③

---

① "驻尼泊尔大使杨厚兰出席上崔树里3A水电站奠基仪式"，中华人民共和国外交部网站，2011年11月24日，http://www.fmprc.gov.cn/web/gjhdq_676201/gj_676203/yz_676205/1206_676812/1206x2_676832/t880651.shtml。

② "驻尼泊尔大使杨厚兰会见电力局上崔树里3A水电站项目负责人"，中华人民共和国外交部网站，2011年11月26日，http://www.fmprc.gov.cn/web/gjhdq_676201/gj_676203/yz_676205/1206_676812/1206x2_676832/t881439.shtml。

③ "上崔树里3A水电站二期工程顺利截流"，驻尼泊尔经商参处网站，2014年2月10日，http://www.np.mofcom.gov.cn/article/jmxw/201402/20140200482711.shtml。

2013年6月1日,由于地质原因,经协商,尼泊尔电力局同意"升级"项目,项目延期26个月,至2016年6月30日竣工,发电时间将推迟至少两年,项目支出将增加4300万美元。根据政府计划,尼泊尔财政部将从中国进出口银行获得"软贷款"以支付这笔额外的费用。由于抗议政府修改了与葛洲坝集团的合同,尼泊尔电力局的雇员工会连续两天切断了对部长办公楼的电力供应,以抗议政府延长并升级与葛洲坝集团的合同。除了"断电"之外,工会还中断了办公室的工作,同时扬言,如果政府不改变决定,他们将采取进一步行动。批评者说,该项目的"升级"将导致尼泊尔损失数十亿卢比。然而,葛洲坝集团认为,项目之所以延期,是因为受到当地人的阻挠。[①] 2013年9月,地下厂房开始施工;2014年工程全面进入施工高峰。

2015年3月21日,尼泊尔能源部副部长谢璀率团赴上崔树里3A水电站考察,察看了地下厂房、引水隧洞、首部大坝等部位,听取了项目部负责人关于工程建设进展情况的汇报。谢璀对葛洲坝集团投入大量人员、设备在确保工程安全、质量的前提下,全力以赴抢进度表示满意。他要求葛洲坝集团工程项目部再接再厉,保证工程安全度汛。并欢迎葛洲坝集团加大与尼泊尔的合作,为尼泊尔水电市场开发作出更大贡献。[②]

2015年3月25日,上崔树里3A水电站主厂房桥式起重机及岩锚梁负荷试验顺利完成,桥机正式投产。该桥机最大载重量100吨,是电站厂房机电金结设备安装及机组检修的永久性设备。葛洲坝集团工程项目部按照有关规程完成50%至125%相应静载、动

[①] "印度媒体指责中国企业在尼泊尔行贿",IBTimes中文网,2013年6月13日,http://www.ibtimes.cn/articles/30353/20130613/324375.htm。
[②] 郭瑞荣:"尼泊尔能源部高管到上崔树里水电站考察",中国葛洲坝集团有限公司网站,2015年4月8日,http://www.cggc.ceec.net.cn/art/2015/4/8/art_6863_318990.html。

载试验以及岩锚梁负荷试验。监测数据表明,桥机及岩锚梁的各项指标满足设计要求。[1]

2015年4月25日的尼泊尔大地震造成葛洲坝集团在尼泊尔上崔树里3A水电站项目的236名中方员工中4名轻伤,8名外籍员工死亡。项目人员被迫全部转移到安全地带进行救治,抢险救灾及灾情调查工作也在同时进行,整个工程处于全面停工状态。[2]

2016年8月,由于贷款还款宽限期将到期,中国进出口银行致函尼泊尔财政部和电力局要求开始偿还贷款。为此,尼泊尔财政部向中国进出口银行申请贷款延长5年宽限期。中国进出口银行在接到申请后,最终决定延长一年的宽限期,并在2017年8月再次延长宽限期4年半。这意味着尼泊尔可以从2021年开始偿还贷款。[3]

2017年1月13日,上崔树里3A水电站主厂房桥机主体设备吊装圆满完成。上崔树里3A水电站主厂房桥机总重量约57吨,跨距14.5米,是主厂房机电、金结设备安装及检修的永久性设备。桥机附属设备安装调试及负荷试验后,于月底正式投入运行,为主厂房施工提供有力保障。[4]

2017年3月7日,葛洲坝集团经过协商,与业主签署了补充协议,项目再次延期34个月至2019年4月30日,项目开始复工。由于项目复工后进行的大部分工作是震损修复,为顺利履约,葛

---

[1] "葛洲坝集团承建尼泊尔上崔树里3A水电站主厂房桥机投产",电厂联盟网网站,2015年3月26日,http://www.dcywlm.com/bonews.php?id=31083。
[2] "葛洲坝集团4名员工在尼受伤",《湖北日报》,2015年4月27日,第14版,http://www.hubei.gov.cn/zwgk/rdgz/rdgzqb/201504/t20150427_645513.shtml。
[3] BIBEK SUBEDI, "Upper Trishuli 3A Hydroelectric Project_ Chinese bank renews loan grace period", *The Kathmandu Post*, Sep. 24, 2017, http://www.kathmandupost.ekantipur.com/news/2017-09-24/chinese-bank-renews-loan-grace-period.html。
[4] "葛洲坝集团承建尼泊尔上崔树里3A水电站厂房桥机主体设备安装完成",华维测控技术工程有限公司网站,2017年10月24日,http://www.farvict.com/newsxx,9099.html。

洲坝集团进行了大量垫资。2017年10月，上崔树里3A水电站项目引水隧洞全线贯通，业主发来贺信。①

2018年3月8日，上崔树里3A水电站GIS室桥机在四川川起起重设备有限公司通过验收，即将发往项目现场。这是2015年4月25日尼泊尔地震后由中方供货的该电站首台设备。葛洲坝一公司组织验收组对设备质量、外观和相关资料进行了验收，设备质量和相关资料满足合同要求，具备交货条件。据悉，尼泊尔上崔树里3A水电站其他重要设备的验收交货也将逐步展开，现场安装将步入施工高峰，预计下半年完成全部设备交货，2019年上半年电站全面竣工。②

目前，项目已进入正常履约的状态。整个项目的土建工程到2018年10月份已经基本完成。在机电供货方面，到2019年1月11日，1#机组完成了安装，4月29日完成无水调试，完成有水调试，5月20日完成72小时试运行，6月26日开始投产发电。2#机组在7月25日完成无水调试，7月30日完成有水调试，8月3日完成72小时试运行。这标志着上崔树里3A水电站已全部成功并网发电。

二、上海建工集团

近年来，上海建工以"工程承包商"向"建筑服务商"转型发展为目标，以"成为广受赞誉的建筑全生命周期服务商"为共

---

① 《中国葛洲坝集团股份有限公司2017年年度报告》，第20页。中证网，http://www.hgt.cs.com.cn/file/bulletin/2018/3/30/1204546405.PDF。
② 向阳："尼泊尔上崔树里水电站震后首台设备即将发运"，中国葛洲坝集团股份有限公司网站，2018年3月21日，http://www.gf.cggc.cn/zh-hans/node/21103。

同愿景，全力推进"全国化发展、全产业链协同联动、打造建筑全生命周期服务商"的"三全"战略。上海建工拥有完备的建筑全产业链，形成了"建筑施工、设计咨询、房产开发、城市建设投资、建材工业"等五大事业群。2016年，上海建工新签合同额首次突破2000亿元，经营规模在美国《工程新闻记录》杂志公布的"2016年ENR全球最大250家工程承包商"中位列第10位，在《财富》"2016年中国500强"中位列第47位。随着"一带一路"倡议的提出和不断推进，上海建工的国际业务着重在"设施联通"领域积极转型。截至2017年3月，上海建工在全球共有28个在建项目，分布在亚洲、非洲、美洲、大洋洲共17个国家和地区。其中基础设施类项目数量16个，合同额占比65%，包括柬埔寨金边二环公路项目、印尼泊尔万隆高速公路、东帝汶国家一号公路改扩建、瓦努阿图卢甘维尔码头改扩建、萨摩亚法莱奥罗国际机场升级改造等。[1]

上海建工所承担的援尼泊尔加德满都内环路拥堵路段改造项目开始于2013年，原计划35个月完成，但直到2019年1月28日才顺利移交给尼泊尔政府。该项目在进行期间遇到了相当多难以克服的困难和挑战，发生了许多令人感动的故事和经历，值得中国对外援助项目参考和借鉴。

（一）项目的动因和缘起

加德满都内环路原为外环工程，是中国政府在20世纪70年代援建的基础设施项目，全长27.8千米，双向四车道，连接Kalanki, Satdobato, Gwarko, Balkumari, Koteshwar, Tinkune,

---

[1] 陆文军、郑双征、王帅："上海建工深耕'一带一路'积极服务基础设施互联互通"，新华网，2017年4月28日，http://www.sh.xinhuanet.com/2017-04/28/c_136243171.htm。

Tribhuvan International Airport, Gaushala, Chabhil, Sukedhara, Maharajganj, Basundhara, Samakhushi, Gongabu, Balaju, and Swayambhunath 等地区。这个项目刚刚建成时交通非常顺畅，完全符合并满足了当时加德满都城市建设的需要，是畅通无阻的大道。然而，经过 40 多年的发展，伴随着加德满都城市规模的扩大、人口的增长和通行车辆的增加，原来的环城公路也由外环公路变成了内环公路，承担的交通运输也因加德满都与外界联系的增多已经发生了翻天覆地的变化，各路段每天平均通行车辆达到 1.5 万余辆。繁重的交通负荷经常让加德满都内环线变得拥堵不堪，上下班高峰期拥堵时间长达 3 小时，已成为令当地头痛的问题。[①]

在这种情况下，尼泊尔政府急需想办法缓解首都城市交通运输问题。然而，尼泊尔经济发展水平不高，路桥施工能力不强，国家财政能力也非常有限，不得不寻求国际社会的援助。由于原来的工程就是中国政府援建的，尼泊尔政府首先想到的也是希望中国政府能翻新、扩建原来的工程，以适应加德满都当前和未来发展的需要。受尼泊尔政府请求，中国政府启动加德满都市内环线既有道路改造项目，以便首先解决内环路上最拥堵的路段。根据中国和尼泊尔政府 2007 年 12 月 20 日、2008 年 12 月 3 日、2009 年 12 月 29 日和 2010 年 12 月 23 日签署的经济技术合作协定，于 2011 年 2 月 25 日和 28 日签署了关于中国援建尼泊尔加德满都内环路拥堵路段改造项目的互换函件。2011 年 9 月 29 日，中国第三铁路勘探设计研究集团公司和尼泊尔基础设施与运输部公路局签署了中国援建加德满都内环路设计合同。上海建工参与项目投标并中标。2012 年 12 月 18 日，上海建工受中国政

---

① 苑基荣：《中企建设尼泊尔首座下穿式立交桥——用汗水浇筑中尼友谊里程碑》，《人民日报》，2017 年 4 月 19 日，第 21 版。

府委托，与尼泊尔政府委托的基础设施与运输部公路局达成了有关援尼泊尔加德满都内环路拥堵路段改造项目的协定，并同意签署建设合同。[①]

根据建设合同，尼泊尔方的主要职责有：根据双方共同决定的项目场地，从土地管理部门获取土地使用许可证；拆除和拆迁私人房屋、水井、树木和宗教设施，供水线路、街道路灯和通讯电缆等，并尽可能进行赔偿；在双方商定开始建设之前，提供一些公共设施，包括供水系统、电力和通讯设备，并运送到边界线的指定位置，费用由尼泊尔方承担；帮助提供（用于大约30人）办公和住宿场所以及交通工具等，费用由中方承担；帮助和落实双方商定的计划，维护施工期间的交通秩序，帮助中方完成路标建设工作；在需要的情况下，根据合同，免除在当地购买或进口的各种机械、设备和物资以及生活用品的关税及其他各种税项；帮助中国技术人员组织建设、解决技术问题以及帮助中方雇用和解雇当地工人、处理争端及当地雇员伤亡等事宜；帮助中方购买当地生产的砖石、水泥、沙子、石油、燃料和其他项目所需要的材料；为中方所需要的建设机械、设备、物资和生活物品等办理海关通关手续；帮助中方技术人员免费获得签证，获取道路通行证以及车辆行驶证；帮助中方获取一些特殊路段的相关资料和数据；帮助中方处理和当地民众在建设活动外可能发生的冲突和争端；除了在卡兰基（Kalanki）、Balkhu、Ekantakuna、Satdobato和Gwarko等主要交通路线外，在一些不重要的小路交通路口设置交通管制；帮助中方办理项目完成后设备、物资、机械和交通工具等再出口到中国，费用由中方承担；保护中方人员生命和财产安全。

[①] "Construction Contract on China-aided Project for the Improvement of Kathmandu Ring Road in Nepal", http://www.historical.developmentcheck.org/uploads/Monitoring/project_1958/monitoring_2687/Koteshwor%20kalanki%20road%20document.pdf.

以上各项条款所产生的费用由尼泊尔方量力而行。

中方的主要职责有：根据项目设计文件完成所有建设工作；租赁和提供项目建设所需要的机械和设备；提供项目所需要的建设材料；购买当地生产的砖、水泥、瓷砖、沙子、木材、石油、燃料及其他必要的物资；负责从出发港口到目的港口的陆路和海路运输、保险和其他问题，包括中方提供的所有机械、设备和物资，以及中国工程师在尼泊尔工作期间所需要的生活物资；在上述货物抵达目的港口时，帮助办理关税通关、整理、存储证明等；派遣必要的人员组织建设项目，并为这些人员提供个人保险；将在当地购买的物资运送到建设工地；在项目完成后，通过双方协定，适当处理设备、机械、物资和交通工具；每月递交项目进展报告，并在项目完成后提供英语版的软硬副本结项报告；尽量向进行实地调研的公路司官员转让技术。

建设合同对"人员派遣"和"不可抗力"还做出了特别规定。在"人员派遣"方面，建设合同指出，中方将根据项目建设进展情况定期派遣所需要数量的中方技术和管理人员；中方派遣的技术和管理人员享有中国和尼泊尔政府所规定的假期；中方技术和管理人员在尼泊尔期间遭遇任何事故，如工伤、意外死亡、疾病或病亡等，中方有责任处理所有相关事宜，尼泊尔方提供所有必要的便利和帮助；中方技术和管理人员在尼泊尔期间遵守尼泊尔政府所制定的法律和规章制度。在"不可抗力"方面，建设合同强调，此系阻碍双方履行合同的各种因素，如恐怖袭击、爆炸、骚乱、政治事件、罢工、战争、火灾、洪灾、台风、地震等，因此而受影响的建设工期也会相应延长。另外，双方也将通过友好协商，根据实际情况制定和实行补充合同，提供因此而增加的额外开支。

（二）加德满都环城路建设进程

2012年6月25日，由中国政府援建、上海建工承建的援建尼泊尔加德满都内环路拥堵路段改造项目，在加德满都隆重举行开工仪式。中国国务委员杨洁篪和尼泊尔代总统帕拉马南达·贾阿（Parmanand Jha）出席并共同为该项目开工揭牌。中国商务部副部长姜增伟和尼泊尔基础设施与运输部部长潘塔在仪式上致辞，尼泊尔各主要政党领袖、前政要及军政高官，上海建工集团总裁杭迎伟等，共200多位嘉宾出席仪式。开工仪式后，国务委员杨洁篪特别接见了上海建工总裁杭迎伟，听取项目开工准备和施工计划的详细汇报。他表扬上海建工善打硬仗，积极为国家援外事业做贡献，鼓励大家优质高效完成建设任务，在施工中周密计划，确保道路同步通行，注重周围环境保护，合理使用当地工人，积极履行社会责任。[①]

上海建工集团援建尼泊尔加德满都内环路拥堵路段改造项目于2013年9月6日正式开工。改造范围位于内环路南半环，工程全长10.395千米，采用中国城市主干道标准设计，路宽50米，路基宽度为38.5米，路面为主道和辅道共双向8车道，还有公共汽车站、停车场、双侧自行车道、人行道等，包括4座辅道桥梁、3座人行天桥和1座下穿式立交桥，总造价约3.12亿元人民币。

2014年12月11日，上海建工集团承建的援建尼泊尔加德满都内环路改造项目通过了中国国家商务部专家组为期10天的中期验收。验收组在对工程情况进行实测实量、查看工程资料、检查

---

① 陈涛："上海建工承建援尼泊尔加德满都内环路改造项目"，上海建工官网，2013年7月12日，http://www.scg.com.cn/news_detail-359.html。

工地现场和生活营地，并与参建方负责人全面座谈后，对工程质量和项目管理给予了肯定，61个分项工程施工质量全部被评为合格。[①]

2015年4月25日，尼泊尔发生了里氏8.1级大地震，对其他国家援建项目造成了不同程度的损害，通往樟木口岸的路被毁坏，卡兰基成为加德满都唯一的进出通道，所有物资都从这里通过，但环城路改造项目安然无恙，因此该项目受到尼泊尔政府的高度认可。然而，卡兰基路口也因此几乎24小时都处于拥堵状态，短短200米路，最少也需要半个小时才能通过。按照尼泊尔方要求，卡兰基立交桥施工期间，要保证车辆正常行驶，因此上海建工在工程建设期间，就已经为应对各种突发事件和风险做出了多种预案，并对工程质量进行了较为充分的准备。在这种情况下，项目因建设所需要的各种物资材料和设施难以完全就位，被迫处于暂停状态。

2016年1月14日，在克服了各种困难后，因2015年大地震而一度停工的尼泊尔加德满都内环路改造项目道路项目正式恢复施工。在加德满都内环路莫洛哈拉（Manohara）大桥边，中国和当地工人冒着严寒进行桥梁预制板梁的吊装作业。[②]

2017年4月，施工难度最大的卡兰基立交桥已见雏形，改造的路基基本完工，宽阔的道路伸向远方。该工程项目副经理谭楠表示，立交桥工程完成了35%，路基完成了95%，总体工程进度已经完成了50%。据悉，工地直接雇用当地工人200多人，间接带动600多人就业。在施工期间，有40多名尼泊尔官员前往工地

---

① 陈涛、李永洁："集团承建的援尼泊尔加德满都内环路改造项目通过中期验收"，上海建工官网，2014年12月30日，http://www.scg.com.cn/news_detail-4384.html。
② 夏尔马："中国援建尼泊尔公路改造项目恢复施工"，新华网，2016年1月15日，http://www.xinhuanet.com/world/2016-01/15/c_128632689.htm。

现场进行交流,很多相关专业学校的学生也到工地参观、学习。很多路过的当地人感到十分惊异,在正常通车的情况下怎么还能修桥?每天工地现场都围着不少想一睹究竟的尼泊尔人。卡兰基立交桥被尼泊尔基础设施与运输部部长拉科克称为中国援助尼泊尔的里程碑项目。[①]

截至2018年7月,加德满都内环路拥堵路段改造项目的道路路基已全部完成。主道已铺设沥青混凝土8.895千米,剩余的未铺设主道不足1.5千米。辅道沥青混凝土铺设施工已全部完成。所有4个跨河桥梁以及3个行人天桥均已完成。已完成的卡兰基高架桥工作量超过合同工作量的94.89%,已完成的总体内环路项目工作量占合同工作量的91.63%。从已完成的辅道和主线交通通行情况来看,内环路上的交通拥堵情况已经得到极大的改善,效果显著。

2018年12月7日,加德满都内环路南半环全线贯通,整个项目已经处于竣工验收阶段。改造工程项目连接了加德满都西部交通枢纽卡兰基和东部靠近特里布文国际机场的卡特索交叉口,已经开始有车辆在路上行驶。从大格局上看,加德满都内环路起点连接中国政府20世纪60年代援建的阿尼哥公路,通往中尼樟木口岸;终点连接中国政府上世纪70年代援建的普里特维公路,通向中尼吉隆口岸及尼泊尔重要旅游城市博卡拉,成为中尼"一带一路"互联互通的关键一"环"。从已经完成的辅道和主线交通通行情况来看,内环路上的交通拥堵情况已经得到极大的改善。为了促进公路的可持续利用,内环路改造施工技术组组长程从银表示,"这条路移交以后,跟尼泊尔工程部、警察、交警包括公路局还要专门开一次会,有关道路维护、交通管理,包括环卫各方面会开

---

① 苑基荣:"中企建设尼泊尔首座下穿式立交桥——用汗水浇筑中尼友谊里程碑",《人民日报》,2017年4月19日,第21版。

一次联席会,对他们提一些使用的要求,包括维修时需要注意的一些问题。希望尼泊尔方面加强管理,改善交通,提高通行能力,包括安全性都有很大的提高。"①

2019年1月28日,中国援建尼泊尔加德满都内环路升级改造项目交接仪式正式举行。尼泊尔总理奥利、中国驻尼泊尔大使侯艳琪参加揭牌仪式。尼泊尔基础设施与交通部长马哈塞特、中国驻尼泊尔大使馆经商参赞张帆及项目施工技术组组长程从银、在尼中资机构代表等参加了交接仪式。奥利在致辞中表示,走在崭新的环路上,感到很自豪。道路交通方面的互联互通能为尼泊尔的经济发展、中国和尼泊尔两国关系的蓬勃发展奠定坚实基础。尼泊尔积极参与"一带一路"建设,已经从中受益,伴随着基础设施互联互通,两国关系和人员交往更加密切。尼泊尔将抓住共建"一带一路"的历史机遇,努力加快自身发展。目前仍有不少中国援尼在建项目,尼政府部门会加强协调,通力配合,不断完善法律法规,为项目建设提供支持和保障。侯艳琪表示,中方将崭新、宽阔的10千米新环路正式交付尼方,相信尼方会用心呵护这条用汗血铸就的中尼友谊之路。展望2019年,中尼世代友好的全面合作伙伴关系必将走深走实。以共建"一带一路"为契机,双方将继续扎实推进互联互通、贸易投资、能源、农业、文化、旅游等领域合作。中方愿一如既往地在力所能及的范围内,为尼经济社会发展提供支持和帮助。②

---

① 张玥:"中国援建加德满都内环路改造工程获当地民众好评",国际在线,2018年12月10日,http://www.news.cri.cn/20181210/44f96de8-61ce-746e-bfff-d43a4a9d5aa6.html。
② "驻尼泊尔大使侯艳琪和奥利总理共同出席援尼加德满都内环路项目交接仪式",中华人民共和国外交部网站,2019年1月28日,https://www.mfa.gov.cn/web/zwbd_673032/wshd_673034/t1633151.shtml;张晨翼:"中国援尼加德满都内环路升级改造项目正式交接",中国新闻网,2019年1月28日,http://www.chinanews.com/gj/2019/01-28/8741518.shtml。

(三) 项目建设过程中的困难和挑战

首先，尼泊尔政府在市政建设能力和经验等方面都存在着严重不足，但却对施工作业提出了许多高标准要求。加德满都市没有市政排水网络，大多都是公司和私人随便挖、随便排，施工中随处都是各家自行埋设的管道，杂乱无章，缺乏管理，施工难度可想而知。立交桥施工还遇到缺水难题，浇筑混凝土需要满足施工要求的洁净水，但附近河流水质不符合标准，需要从外地买水，每天要从外地运水。但由于交通拥堵，经常会延迟。此外，尼泊尔当地生产的碎石强度低，含泥量高，不能用于高标号混凝土，施工单位只能自行开设矿点生产强度合格的高标号混凝土碎石。不仅如此，由于开山不能用炸药，只能用机械设备，为此施工单位不得不从国内额外进口碎石机。另外，根据原设计，卡兰基在施工时必须要封闭交通，安排车辆绕行。但是实际施工时尼泊尔方无法落实卡兰基封交绕行，只能修改原设计，确保在卡兰基立交桥施工期间车辆正常行驶。

其次，尼泊尔是个自然灾难频发的国家，对项目工程建设造成了不可抵抗的阻碍作用。2015年的大地震虽然没有直接对工程本身造成严重破坏，但与工程建设的相关因素几乎都受到了相当大的影响。中方工程建设人员或者投入到当地抗震救灾进程中，或者返回国内休整，或者为重新开工做各种准备。工程项目组成员也变成了抗震救援的队伍，调派吊车、挖掘机前往地震发生现场，从倒塌的楼房中抢救幸存者，为当地受灾小学200多名留校师生提供生活物资、水、食物和爱心捐款等。[1]

---

[1] 裴颖琼："'一带一路'上的上海企业：上海建工'走出去'布局五大市场"，新民网，2017年5月4日，http://www.shanghai.xinmin.cn/xmsz/2017/05/14/31027152.html。

第三，尼泊尔方产业体系不健全和官僚体制僵化影响了施工进程。地震之后，中国与尼泊尔的聂拉木、樟木等口岸及道路受地震影响损毁严重，被迫关闭。尼泊尔大部分主要交通要道破坏严重，大部分基础设施建设材料供应商无法继续维持，被迫停止经营，施工现场出现了柴油、汽油、液化气、水泥、钢筋、砂石料等材料严重匮乏的情况。尼泊尔体制机制对我从印度购买柴油、汽油、水泥等材料形成了一定障碍，而尼泊尔本地供应出现严重短缺问题，一度成为震后重启施工的重要阻碍。

第四，地缘政治竞争影响了项目建设进度。尼泊尔是个内陆国，只有中印两大邻国，对外交通运输条件极其有限。2015年9月下旬，印度以安全为由关闭了与尼泊尔的边境口岸，中断物资供应，尼泊尔全国面临燃油等物资短缺的情况。上海建工无法再经由海路从印度运输建设器材以及从印度购买一些建设材料。尼泊尔与印度政府就相关问题的磋商与谈判进展缓慢，致使工程进度一再受阻。

当然，在施工建设过程中，还有一些更为细节的问题。例如，卡兰基的人行天桥拆迁直至2016年9月才完成；Khashi Bazzar地区的电线杆拆除直至2018年4月才完成；内环路沿线居民缺少固定的生活垃圾收集处理点，造成生活垃圾无处堆放只能扔在内环路上。内环路拓宽后，部分司机的安全行车观念还没有形成，造成车辆乱停、违规掉头、车辆横穿人行道及排水沟、超速行驶等问题层出不穷；内环路周边的乡村接驳道路升级改造施工进度缓慢，造成内环路车辆通行能力被制约，由于部分接驳道路还是土石路，是内环路上扬尘、泥土、碎石问题的主要原因。内环路拓宽后，部分沿线居民的爱护公共设施的观念不强，造成部分内环路沿线居民为了自己的通行方便，破坏已完工内环路沿线设施。①

（四）项目建设得到中国和尼泊尔社会各界支持

2015年4月25日，尼泊尔遭遇突如其来的8.1级地震，是继1934年地震后袭击该国的最强烈地震，对当地人员和财产造成了严重损失。中国援尼泊尔加德满都内环公路改造项目部立即启动应急预案，经现场清点，37名中国人员和81名尼泊尔人员均未发生伤亡。之后项目实施企业上海建工集团项目部领导对现场人员进行了情绪安抚，稳定人心，号召大家要树立信心，在确保自身人身安全的同时积极参与抗震救灾工作。② 项目部召集总分包管理人员召开紧急会议，启动项目应急预案，对夜间值班、生活供应保障、人员情绪安抚、现场卫生消毒等一系列工作进行了落实安排，并责任到人。同时向驻尼泊尔使馆经商处汇报了现场情况。在工地旁边50米处有一座4层楼的仓库倒塌，里面埋了9个尼泊尔人。应当地居民的支援请求，项目部得知情况后，立即派出了吊车、挖机以及装载机等机械设备，在当地警察以及武警的指挥下，先使用吊车将最上方的混凝土楼板一一吊离，随后使用挖机在废墟中寻找被埋的人员。由于余震不断，怕在挖掘的过程中造成再次坍塌和二次伤害，加之现场大雨倾盆，挖掘和救援工作进行得非常缓慢，从25日下午开始一直持续到26日凌晨5点，最终挖出了4名尼泊尔百姓，还有5名埋得太深实在无法进行救援，只能等待专业的队伍来进行施救。同时项目部从库房拿出彩条防水

---

① 引自上海建工集团项目组提供材料。
② "上海建工（集团）总公司灾难中的永恒力量：希望"，商务部国际经济合作事务局网站，2017年10月24日，http://www.jjhzj.mofcom.gov.cn/article/ywfc/201710/20171002657816.shtml。

布给当地无家可归的居民搭设临时安置点。尼泊尔工程部闻讯后，来电对上海建工建设者表示问候，感谢上海建工集团能够发扬国际人道主义精神，在危难时及时伸出援手。[①]

2016年11月，上海建工集团监事会主席周平、集团纪委书记何士林等一行赴尼泊尔，就贯彻实施国家"一带一路"的发展战略以及集团海外工程建设等情况开展专项调研。调研期间，赴加德满都内环公路改造等项目现场，实地察看工程项目建设情况，听取工程进展汇报，召开座谈会听取员工的意见与建议，并代表集团对奋战在海外一线的员工进行了慰问。在与建设者代表的座谈会上，集团领导强调，海外工程建设是集团贯彻"一带一路"国家战略以及集团海外发展的重要组成部分。要放眼区域，着眼大局，积极拓展新的建设领域；要抓住机遇，主动出击，不断扩大市场份额；要用好平台，展现优势，加强集团内部的合作互动；要打响品牌，行使责任，更加注重工程质量、施工进度与安全，更好地行使应尽的社会责任。[②]

2016年7月初，上海市委常委、统战部部长沙海林率代表团到访尼泊尔加德满都内环公路改造项目，视察2015年尼泊尔特大地震发生后的复工情况。上海建工集团副总裁、总经济师卞家骏、国际业务总经理李岚、海外部党委书记王小林等陪同。在尼泊尔期间，沙海林详细了解了地震后内环公路项目复工的实施情况，察看了内环路桥梁施工现场，并慰问了长期驻外的建设者，高度赞扬上海建工作为中国政府援建队伍能够坚守在尼泊尔所取得的成就，并希望建设者要有大局意识，在项目复工后注意安全防范，要对当

[①] "东方网：上海建工在尼泊尔建设者成为'民间救援队'"，上海建工官网，2015年4月28日，http：//www.scg.com.cn/news_detail-4582.html。

[②] 黄伟达："集团监事会赴柬埔寨、尼泊尔开展专项调研"，上海建工官网，2016年11月16日，http：//www.scg.com.cn/news_detail-5643.html。

地基础设施建设有新的认识,为尼泊尔留下一项"百年工程"。①

2017年2月,一名瑞士路桥顾问前来卡兰基视察,他高度赞扬卡兰基立交桥,认为设计方案合理,技术规范完善。尼泊尔基础设施与运输部部长拉科克多次视察后表示,卡兰基立交桥是尼泊尔首座下穿式立交桥,在尼泊尔具有标志性意义。内环路改造完成后,将大大缓解加德满都交通拥堵状况,该项目进一步促进尼中两国人民的友谊,是中国援助尼泊尔项目的一个里程碑。②

2017年5月6日,"爱无疆——'一带一路'尼泊尔中资企业协会社会责任"主题研讨会在中兴通讯尼泊尔公司召开。上海建工集团尼泊尔项目负责人程从银表示,企业的社会责任是有系统性和规划性的。上海建工已经在十几个非洲国家做过援外项目,明确了只有多元化思维才能让企业国际化有更长远的发展。尼泊尔在某些方面,比非洲很多地区还差,更需要项目施工人员在适应环境的过程中发挥中国企业的优势。③

2018年3月29日,中国驻尼泊尔大使于红赴中兴通讯尼泊尔子公司、上海建工援尼泊尔加德满都环路项目组、华为技术尼泊尔私营有限公司等在尼中资企业视察指导。在上海建工援尼泊尔加德满都环路项目组,于大使详细了解了项目的进展情况以及目前存在的困难等,并赴环路关键路段施工现场进行了实地察看。于大使勉励企业要进一步增强政治意识和大局意识,加强内部管理和队伍建设,再接再厉、克服困难,进一步完善和细化工作计

---

① "走出去"信息服务平台:"建工海外部:沙海林调研建工集团海外项目",中国(上海)国际贸易中心平台,2016年7月4日,http://www.shanghaibiz.sh-itc.net/article/aroadnew/businessofaroad/coperationaroad/201607/1394076_1.html。
② 苑基荣:"中企建设尼泊尔首座下穿式立交桥——用汗水浇筑中尼友谊里程碑",《人民日报》,2017年4月19日,第21版。
③ 张晨翼:"'一带一路'尼泊尔中资企业协会社会责任主题研讨会召开",中国新闻网,2017年5月7日,http://www.chinanews.com/sh/2017/05-07/8217566.shtml。

划，继续加强与外方的沟通和协调力度，推动项目顺利实施，树立中国企业的良好形象。①

2019年1月11日，中国驻尼泊尔大使侯艳琪考察援尼加德满都内环路升级改造、杜巴中学灾后重建等项目。侯大使实地察看了项目建设情况，听取项目实施单位工作情况汇报，并到项目建设单位上海建工集团生活营地了解后勤保障情况，看望慰问参建单位工程技术人员。侯大使对项目建设进展和现场管理工作表示肯定，希望项目建设单位继续严格落实安全文明施工有关要求，讲好中尼友好故事，搭建中尼友谊桥梁。②

中国援尼泊尔加德满都内环路拥堵路段改造项目虽然是在"一带一路"倡议提出之前就已经开始进行的，但是最终纳入到"一带一路"倡议的总体框架之下，成为中国与尼泊尔加强互联互通建设的重要亮点。从项目开始至今，南亚地区形势发生了微妙而深远的变化，中国在南亚地区的战略利益和政策倾向也经历了复杂而细致的演变，这些项目不仅促进了中国与南亚周边国家的战略互动，而且增进了中国在南亚地区的实际存在和影响。中国援尼泊尔加德满都内环路拥堵路段改造项目对促进加德满都市政建设及其作为全国政治、经济和社会文化中心的功能塑造方面都具有重大而深刻的影响。中国援尼泊尔加德满都内环路拥堵路段改造项目成为中国援助尼泊尔的标志性工程，代表着中国在基础设施建设方面的先进技术对尼泊尔国家发展的重要贡献，对提升中国品牌在尼泊尔的良好形象具有较好的促进作用。

---

① "于红大使赴在尼中资企业视察指导"，中华人民共和国驻尼泊尔联邦民主共和国大使馆网站，2018年3月31日，http：//www.np.chineseembassy.org/chn/xwdt/t1547099.htm。
② "搭建中尼友谊桥梁——驻尼泊尔大使侯艳琪考察援尼项目"，中华人民共和国外交部网站，2019年1月12日，http：//www.atcmxl.mfa.gov.cn/web/zwbd_673032/jghd_673046/t1628975.shtml。

第六章
"一带一路"倡议下中尼合作的机遇与挑战

2013年9月和10月,中国国家主席习近平在出访中亚和东南亚国家期间,先后提出共建"丝绸之路经济带"和"21世纪海上丝绸之路"(即"一带一路")的重大倡议,倡议一经提出便得到国际社会的高度关注和沿线国家的广泛响应。"一带一路"倡议不仅是中国作为大国对世界承担责任的一种表现,也是新时代下我国进一步扩大和深化对外开放的重要举措。在各方共同努力下,"一带一路"倡议已成为各国各地区广泛参与的国际合作框架,"六廊六路多国多港"的互联互通的合作格局已基本形成。

尼泊尔作为中国长期以来的友好邻邦,两国人民交往和友谊源远流长。建交60多年来,中尼在经贸领域保持着互利互惠的友好关系,双方在贸易、投资、工程承包、经济技术交流等领域已形成多层次多形式的合作格局。2014年12月17日,中国与尼泊尔两国政府共同签署了《中华人民共和国商务部和尼泊尔政府财政部关于在中尼经贸联委会框架下共同推进"丝绸之路经济带"建设的谅解备忘录》(以下简称谅解备忘录)。谅解备忘录的签署标志着中尼两国在推进"一带一路"建设上驶入快车道。

尼泊尔灾后重建的国际援助需求以及政治转型初步完成,为中尼在"一带一路"背景下加强合作提供了政治保障和良好契机。2015年尼泊尔8.1级大地震造成的直接经济损失相当于这个不发达国家国内生产总值的20%。[①] 尼泊尔灾后虽得到国际社会持续援助,但相较高昂的重建和恢复成本,资金缺口仍很大。在这一背景下,对外合作对于尼泊尔社会经济发展来说显得尤为重要。随着近几年中尼友好交往的持续深入展开,尼泊尔高层领导人多次表示,愿积极同中国发展更加全面的伙伴关系,在输配电网、油气行业、铁路建设等方面加强与中方的合作,并积极参加"一带一路"倡议和亚洲基础设施投资银行框架下互联互通建设。

2016年尼泊尔时任总理卡德加·普拉萨德·奥利访问中国期间,两国签署了多项协议,内容包括准许尼泊尔经由中国港口开展对外贸易、在两国间修建铁路等。2017年3月,尼时任总理普拉昌达来华出席博鳌亚洲论坛,表示尼方支持"一带一路"倡议,愿积极拓展同中方在贸易投资、交通运输、基础设施、旅游、航空等领域合作,密切人文交流,以更好造福两国人民。2017年5月,中尼签署"一带一路"合作谅解备忘录。与此同时,随着尼泊尔政治体制转型逐渐完成,尤其是2018年3月,尼泊尔共产党联盟推出的奥利当选为总理,标志着该国已正式进入较为稳定的政治时期,其国内各方的关注点从政治冲突逐渐转向经济建设,并积极寻求国际合作,改善国内落后的局面。2018年6月,尼泊尔总理奥利对中国进行正式访问,中尼双方发表了《中华人民共和国和尼泊尔联合声明》。这为加强南亚区域的友好合作,进一步提升双方关系水平带来新的契机。

[①] "大地震严重打击尼泊尔经济,损失或超全年GDP",和讯网,2015年4月28日,http://www.news.hexun.com/2015-04-28/175385737.html。

第六章 "一带一路"倡议下中尼合作的机遇与挑战

一、"一带一路"倡议为中尼带来发展新机遇

长期以来,由于世界第三极青藏高原尤其是喜马拉雅山脉的物理阻隔,更由于近代英殖民者有关构筑大国间"天然屏障""缓冲区"等地缘理论与实践产生的长期贻害,"山药蛋"不仅没能享受到社会稳定发展带来的红利,反而不时受制于外部影响和压力。政治局势的动荡不安和经济发展的裹足不前便是尼泊尔尤其在冷战结束后的真实写照。这种地理位置及其伴生的地缘博弈成为尼泊尔社会经济发展的沉重桎梏。以致1923年独立建国至今,尼泊尔仍是联合国定义的"最不发达国家"。

"一带一路"倡议的目的是通过创造合作共赢,共同繁荣,促进区域经济发展,倡议的提出也将给沿线国家经济发展带来新机遇。尼泊尔作为南亚与中国的桥梁,与中国在政治、外交、能源、经贸、人文等方面的合作不断深化,为两国在"一带一路"框架下展开深入合作奠定了良好基础。"一带一路"建设的持续推进,特别是中尼印经济走廊建设倡议的提出,必将为地处两大新兴经济体之间的尼泊尔带来新的发展前景。

(一)"一带一路"建设为尼泊尔发展注入新的活力

中印经济走廊是当今世界上一大发展洼地,对于尼泊尔而言,虽然夹在中印之间,却没有享受到两大新兴经济体的"快速发展红利"。尼泊尔作为落后农业国,贫困人口接近总人口的1/3,是世界上最不发达国家之一。不管是摆脱"欠发达经济

体"行列，还是迈入"中等收入国家"行列，尼泊尔经济增速必须保持在7%—8%的水平。尼泊尔若想要实现经济转型飞跃，则需进一步发挥国际投资合作所能带来的拉动作用。在"一带一路"倡议下，跨喜马拉雅互联互通网络建设将为尼泊尔带来新的发展机遇。这一网络不仅将促进中尼两国基础设施和跨境投资贸易的联通，同时还将加速双方政策、民心及文化上的连接。

1. "一带一路"推动尼泊尔经济的发展

尼泊尔的地缘政治位置使其在政治经济发展极其依赖印度，然而印度在南亚地区的强权政治又使得尼泊尔发展之路举步维艰。中国作为全球第二大经济体，在"一带一路"倡议框架下，中尼两国合作将促进两国贸易繁荣。亚洲基础设施投资银行（AIIB，简称"亚投行"）也会给尼泊尔基础设施建设提供强大的资金支持，并将与包括世界银行、亚开行在内的多边国际组织协同合作，研究投资尼方所建议的发展项目。

（1）加快尼泊尔水电资源开发

尼泊尔俗称"高山王国"，境内地形（绝大部分）为陡峻的山地，地势北高南低，落差大，河流密布、水流湍急，加上地面水丰富，河流资源集中也有利于水力资源的开发。据现有资料所知：仅占地球陆地面积0.094%的尼泊尔拥有的理论水电蕴藏量高达全球相应藏量的2.27%。据世界银行的研究报告估计，尼泊尔境内四大水系的理论水电潜力高达8.3万兆瓦，其中具有经济开发潜力的有4.3万兆瓦。但截至2015年，尼泊尔水电装机容量仅为753兆瓦左右，实际利用率很低，完全满足不了尼泊尔的用电需求。[①]为了实现在2022年进入发展中国家行列的目标，尼泊尔在2040

[①] Country Profile-Nepal, International Hydropower Association, https://www.hydropower.org/country-profiles/nepal.

年之前要完成25000MW的装机。① 限于技术、资本、人力等方面条件限制，尼政府正在全球范围内积极寻找投资者，并希望借助"一带一路"倡议加大在水电能源领域与中国的合作。

作为国内最早"走出去"的行业之一，中国水电企业已积累了丰富的设施开发、运营管理、投融资工作经验以及包括规划、设计、施工、制造、运行、管理等在内的完整产业链整合能力。在水电工程项目上，国际工程承包、国际投资和国际贸易业务是中国水电行业的三大"拳头产品"，工程技术和运行管理水平均处于世界领先地位。截至2018年，中国企业已与100多个国家和地区建立了水电开发多形式的合作关系，承接了60多个国家的电力和河流规划，业务覆盖全球140多个国家，拥有海外权益装机超过1000万千瓦，在建项目合同总额1500多亿美元。②

"一带一路"倡议提出后，相关企业积极响应国家对外开放的新举措，开展互利共赢的国际合作。

中国公司近些年推进在尼的水电站投资并已有两座小型水电站进入商业运营。2017年6月，中国葛洲坝集团和尼泊尔政府在尼泊尔总理官邸签署合作备忘录，为双方进一步合作开发、建设装机容量达1200兆瓦的布迪甘达基水电站项目打下了基础。中国在水电开发所积累的丰富经验与高效成熟的技术将有力解决尼泊尔电力短缺现状。

（2）进一步挖掘尼泊尔旅游资源潜力

尼泊尔地处亚洲文明的交叉地，印度教、佛教、皇宫建筑以及丰富多彩的自然资源构成了当地独特的旅游资源。除美丽

---

① "尼泊尔总理迫切希望获得能源领域的投资"，商务部，2018年1月23日，http://www.spic.com.cn/zhxx/201701/t20170123_272291.htm。

② 范思立："中国水电装机容量和年发电量均居世界第一"，《中国经济时报》，2018年9月27日。

的喜马拉雅山山地风光外,还有集中分布于加德满都河谷的众多历史、文化遗产和古迹;分布于原始森林中的多种野生动物;包括佛祖释迦牟尼诞生地在内的宗教朝圣地;作为世界上最适合徒步旅行的国家之一,尼泊尔拥有攀登和穿越等户外运动所要求具备的理想条件。

2000年7月,我国宣布尼泊尔为中国公民出境旅游目的地国家之一。2001年11月,中尼正式签署了《关于中国公民赴尼旅游实施方案的谅解备忘录》。[①] 2002年6月,中国公民赴尼旅游正式启动,自此中国赴尼旅游人数不断攀升。自2010年起,中国就成为尼第二大旅游客源国,仅次于印度。[②]

尽管中国赴尼旅游人数逐年增加,但对于庞大的中国境外游人数来说,其比例仍然很低。根据文化和旅游部数据统计,2018年中国公民出境旅游人数为14972万人次。[③] 而根据尼泊尔国家旅游局数据显示,2018年赴尼中国游客人数仅超过15万人次。[④] 不难看出,尼泊尔在吸引中国游客推动经济发展方面仍有着巨大的潜力。

制约尼旅游吸引力的重要因素是其落后的基础设施和旅游设施。而"一带一路"倡议将促进中国加速投资尼泊尔基础设施和旅游设施建设,尤其是在公路、铁路、航空方面的建设。其中,中尼铁路日喀则到尼泊尔吉隆口岸的铁路段在2020年就可以完成,而从吉隆口岸到尼泊尔首都加德满都的铁路段预计

---

① "我与尼泊尔签订协议,中国公民可赴尼旅游",东方网—文汇报,2001年11月27日,http://www.news.sohu.com/66/43/news147284366.shtml。

② 郭珊:"中国公民赴尼泊尔旅游现状、制约因素及前景分析"[J],《南亚研究季刊》,2014年第3期,第74—79页。

③ "2018年旅游市场基本情况",中华人民共和国文化和旅游部,2019年2月12日,http://www.zwgk.mct.gov.cn/auto255/201902/t20190212_837271.html?keywords=。

④ 2018年中国赴尼泊尔游客人数创新高,新华社,2019年1月10日,http://www.travel.cnr.cn/list/20190110/t20190110_524476827.shtml。

2022年建成。①

2. "一带一路"倡议推动尼泊尔与其他南亚国家的联通

尼泊尔北部与中国西藏因喜马拉雅山阻隔,道路交通、通信条件差、物流运输网络不够发达,落后的基础设施限制了尼泊尔更多的只能与印度和其他南亚国家进行进出口贸易,与中国的贸易往来有限。"一带一路"倡议构想的实施,将会进一步带动尼泊尔边贸乃至尼经济社会的发展,为其带来空前发展机遇。"一带一路"通道的建设,促进了尼泊尔在内的7个南亚国家内外联通,并进一步架起联通世界的商务桥梁。不仅可以扩大尼能源进口渠道,还将推动尼拓展丰富的自然资源的出口空间,从而实现经济发展的多样化,增强经济的自主性。

3. "一带一路"倡议推动尼泊尔摆脱地缘政治困境

印尼两国因地缘位置联系紧密,印度在摆脱英国殖民统治后,"印度大联邦"构想死灰复燃,并极力寻求对南亚次大陆的主导权。加上两国不成比例的体量与实力差距,使得尼泊尔内政外交不同程度地受到印度的挤压。"一带一路"的倡议为尼泊尔提供了新的选项,并帮助尼建立与沿线伙伴国家交流与合作的新通道。通过加强与中国的政策沟通、设施联通、贸易畅通、资金融通、民心相通,尼泊尔可以降低对印度的过分依赖,制衡印度对其内政的干涉,拓宽发展空间,实现从"在大国间夹缝求生"到"充当中印间桥梁"的转变。

(二)"一带一路"倡议助力西藏(中国)扩大开放

西藏位于幅员辽阔的中国西部地区,这里地貌雄伟壮观、风景

---

① China plans railway to India, Nepal borders by 2020, Reuters, July 24, 2014, https://www.reuters.com/article/us-china-railway-idUSKBN0FT0IJ20140724.

秀丽且资源丰富。西部与南部毗连印度、不丹、尼泊尔，具有独特的区位优势和地缘优势，它不仅是中国"走出去"的重要出口，也是中国向尼泊尔等南亚国家开放的重要渠道和枢纽。

2015年，西藏首次提出推进建设"环喜马拉雅经济带"，加快建设南亚大通道的战略部署，以拉萨、日喀则等城市和内地援藏省市为腹地支撑推进中国与尼泊尔、印度、不丹等南亚国家在经贸、物流、投融资等方面的合作与发展。

近年来，随着中尼公路改造工程、中尼新的口岸开通以及计划中的中尼铁路等交通基础设施逐渐开通运营，为双方进一步加强合作提供了便利。西藏将在中尼"一带一路"倡议下高质量地提升开放水平。

1. "一带一路"倡议有助于维护西藏稳定和国家安全

2015年8月24日，中央第六次西藏工作座谈会上，习近平总书记提出了20字的西藏工作重要原则："依法治藏、富民兴藏、长期建藏、凝聚人心、夯实基础"，提出了党的治藏方略"六个必须"，表明了坚持治国必须治边、治边先稳藏的战略思想。从国家安全大局来看，依托"一带一路"建设，加强西藏基础设施建设、降低内地生活必需品的运输成本进藏、挖掘西藏旅游资源和特色产业优势、加快西藏经济开发开放步伐等重要举措，推动西藏与周边国家的开放发展，可以更积极有为地维护西藏稳定和国家安全。

2. "一带一路"倡议有助于西藏发展特色产业，提高产品竞争力

西藏的畜产品、矿产品、中药材和传统手工艺品等土特产品闻名于世，但地理和自然条件的限制严重地阻碍和影响了其外向型经济的发展。正因如此，目前西藏与尼泊尔边境贸易仍以初级产品为主，且极大制约了西藏出口商品的质量和结构。通过"两纵

两横、五出区、三出境"的铁路网建设计划以及进行至吉隆、亚东和普兰的口岸铁路和相关配套设施建设,西藏可抓住基础设施互联互通的机会与尼泊尔广泛开展经贸合作,并不断挖掘西藏特色产业,提高商品质量、推动边贸创新、加大科创投入,从而加快西藏特色产业的升级发展。此外,西藏还可利用"一带一路"倡议倒逼自身进行改革,解决投资和贸易便利化问题,消除投资和贸易壁垒,构建良好的营商环境。

3. "一带一路"倡议推动中尼旅游资源的共建共享

尼泊尔是世界著名的旅游目的地,西藏也期冀将旅游业打造成其支柱产业,将其建设成为重要的世界旅游目的地,这跟尼泊尔以旅游业为基础的绿色可持续发展战略不谋而合,两者在旅游方面将有非常广泛的合作空间。

尼泊尔与西藏地处喜马拉雅山脉两侧,自然风光秀丽。同时,两地的旅游时间高度互补,尼泊尔的旅游黄金季节在每年11月至次年3月,与此相反,西藏黄金季节在4月至10月份。借助"一带一路"倡议契机,通过改善道路基础设施和旅游设施,有助于促进泛喜马拉雅山脉旅游圈的形成,从而打造跨境旅游,直接和间接推动两地旅游发展。

4. "一带一路"倡议促进中尼藏文化的交流与互动

包括民俗文化、饮食习惯、服饰语言等特色在内的藏文化对尼泊尔等周边国家而言有很强的魅力和吸引力,因此长期被周边国家,尤其是尼泊尔所推崇。藏传佛教盛行上千年,在国内外有广大的信徒,在西藏也有大量宗教文化场所与僧侣阶层。中国注册的佛教徒和虔诚的信众人口突破一亿。而尼泊尔等南亚国家拥有数量庞大的佛祖圣地,如尼泊尔境内的佛陀诞生地、玄奘进修与辩经的那烂陀等。随着"一带一路"基建设施发展,中尼藏文化将进一步加强交流,同时佛教文化场所也将吸引更多的全球潜在的佛教文化之旅的消费群体。与此同时,在中尼开展经贸合作的过程中可以借助藏文化的力量,在尼泊尔和西藏的交往中营造一种有利于各方发展的良好氛围。

总的来看,"一带一路"倡议将为中尼两国共同发展带来宝贵的机遇,并将两国与南亚次大陆更紧密的联系在一起。随着倡议在尼泊尔的深入推进,中国与尼泊尔交流合作也将日益频繁。

二、"一带一路"倡议在尼泊尔面临的挑战

客观来看,中尼历史上长期友好的双边关系使得两国具有在"一带一路"框架下合作的意愿。同时,致力于在2030年成为中等收入的国家这一目标亦令尼泊尔期待与中国加强合作以满足其现实发展需求。因此,中尼两国在"一带一路"合作方面具有诸多的机遇与空间。但另一方面,中国与尼泊尔在实施倡议的过程中仍然面临一些不容小觑的挑战。

(一)国际政治风险

长期以来,印度视南亚地区为自己的后花园,并将包括尼泊尔在内的区域内国家划入自己的势力范围,不容他国染指。此外,传统地缘政治理论及英俄在中亚与南亚殖民扩张过程中激烈摩擦的记忆使得印度精英一直抱有构建"缓冲区"的想法和诉求。在上述两种思维和国际政治经济局势变化的多重叠加及互相影响下,印度对"插手"南亚的区域外力量极为敏感且保持着高度警惕,并迫切想要保持其在南亚的影响力。马达夫拉奥·辛

迪亚作为印度历史上的一位重要人物，曾对此解释道："印度极其讨厌南亚地区以外势力的干涉，外部强大势力的侵入是导致南亚区域合作联盟难以前进的主要因素。印度坚决抵制强大势力干预南亚地区。印度的政策是为了发展一个不受外来势力干扰的解决区域内争议和不融洽的地区环境。"① 因此，印度对中国抱有极强的戒备心理并对"一带一路"倡议有所保留，至今未给予任何明确回应。

因尼泊尔南部地区和印度在语言、社会规范和价值观上高度相似，加之两国互相开放边界并允许各自公民自由通行及工作，这使得尼泊尔长期以来在政治、经济、文化和社会生活的各个方面都受到印度的影响。此外，尼泊尔又是一个高度依赖印度提供重要能源产品及消费品的内陆和贫困国家。相关统计结果显示，2016—2017财年，尼印贸易额占尼泊尔对外贸易总额的64.9%，印度是尼泊尔最大的进口来源地和最大的出口目的地。② 基于此，接受印度的"指导"对尼泊尔来说是不可或缺的。因此，在印度对"一带一路"倡议未给予积极回应前，尼泊尔被迫反复考虑加入倡议是否会引起印度的反感及不满。这也是"一带一路"倡议在中尼两国于2014年签署《"丝绸之路经济带"建设谅解备忘录》后没有高效推进的原因之一。

中国在2015年尼泊尔大地震后迅速及时的救援与印度政府在抗震救灾活动中的霸权主义行为以及随后"软封锁"形成了鲜明的对比，加之尼泊尔人民认为印度政府在尼颁布新宪法前后的言行是对本国内政赤裸裸的干涉，导致全国反印情绪达到顶点，尼印两国关系也因此降至历史最低点。这些因素都促使尼泊尔政府重新思考尼印关系，并意识到需要摆脱对印度的过度依赖，扩大

---

① Suman Sharma. India and SAARC [M]. New Delhi: Gyan Pubilshing House, 2001: 168.
② 商务部:《尼泊尔对外投资合作国别（地区）指南2018》，第31页。

对外交往渠道。2016年3月，尼时任总理奥利在对中国的里程碑式访问中，两国签署了一项过境运输协议，根据协议，尼泊尔可以使用中国天津等四个港口与其他国家进行贸易往来。打破尼泊尔对印度港口的完全依赖。除这项具有历史意义的协议外，尼泊尔还与中国签署了多项合作协议，包括为建设拟议的博卡拉地区国际机场（尼泊尔第二国际机场）提供软贷款，在两国间修建铁路等。中尼双方还同意在成都设立尼泊尔领事办事处。[①]

尽管如此，鉴于印度在尼泊尔国内的政局中有着举足轻重的作用，"一带一路"项目在尼泊尔的推进过程中受到的最大的外部挑战依然来自印度方面。葛洲坝集团在尼的布达甘达基水电站项目几经反复充分说明，印度在认为自身利益受到影响时倾向于选择采取干扰性措施阻碍中尼合作。

表1 尼泊尔接受的实际官方发展援助拨款统计情况（部分）

（单位：美元）

提供援助的国际组织和国家	2013—2014 财年	2014—2015 财年	2015—2016 财年	2016—2017 财年	2017—2018 财年
世界银行	276770043	188122967	243692504	345968357	533515228
亚洲发展银行	155553208	147894405	217685705	253898091	291693735
英国	151135383	168073845	89478104	128313164	123870280
美国	45360254	132370217	118933332	134056598	117831730
欧盟	51618780	31378363	29488509	83885219	116178534
日本	40592722	39867923	45913262	77652833	106207039
联合国	26684005	44236346	113576926	120729957	65622702
中国	41381522	37948751	35364713	41244254	58727078

---

① "奥利总理访华期间双方签署多项协议"，《宁波日报》，2016年3月27日，http://www.daily.cnnb.com.cn/nbrb/html/2016-03/27/content_946313.htm?div=-1。

续表

提供援助的国际组织和国家	2013—2014财年	2014—2015财年	2015—2016财年	2016—2017财年	2017—2018财年
印度	47796349	22227306	35767655	59259429	56762100
德国	26458910	9697882	6646850	25058320	28902395
瑞士	33853529	32467406	36981936	34941429	26412734
挪威	24467086	30797758	35535102	20318915	23984012
澳大利亚	30237087	28112555	21233745	18559851	20884676
国际农业发展基金	4042736	1913022	9226879	11559988	15818547
芬兰	19419234	16282477	6604662	9698132	12779120
防治艾滋病—肺结核—疟疾全球基金	1128 7214	22059056	9106038	1720536	11867980
韩国	8754915	16683337	11451879	7638528	6874412

资料来源：DEVELOPMENT COOPERATION REPORT 2018, IECCD, Ministry of Finance。

此外，域外国家对"一带一路"倡议在尼泊尔的推进过程中的影响也不容忽视。尼泊尔作为联合国确定的48个最不发达国家之一，其经济严重依赖外援，预算支出的1/3来自国外捐赠和贷款。[①] 根据尼泊尔官方统计数据，国际多边组织及欧美主要发达国家。考虑到美欧长期以来对"一带一路"倡议充满警惕并抱有疑虑，以及"新丝绸之路"和印太战略相继提出的大背景下，中尼两国在进一步推动双边合作过程中应对域外国家可能带来的阻碍与挑战做好充分的准备。

---

① 商务部：《尼泊尔对外投资合作国别（地区）指南2018》，第19页。

（二）国内政治风险

第一，国内政治的不确定性可能制约尼泊尔参与"一带一路"倡议的积极性，并恶化尼泊尔国内社会经济与投资环境。长期以来，尼泊尔国内政治局势处于持续动荡的转型过程中，并经历了长时间的内战。政治上的不稳定导致了尼泊尔社会经济发展速度缓慢。虽然尼泊尔于2008年宣布成立了尼泊尔联邦民主共和国，成功完成了政治转型，但受累于国内党派众多、势力错综复杂、权力斗争激烈，政治转型后尼泊尔并未得到明显的发展红利。2018年5月，尼共（联合马列）和尼共（毛主义中心）宣布合并，组建尼泊尔共产党，新成立的尼泊尔共产党成为尼泊尔最强大的政党，尼共政府也成为尼泊尔自1990年恢复多党制以来最稳定的政府。尽管如此，影响尼政治不稳定的因素并没有消失，尼泊尔共产党所实施的一系列政策的有效性尚不明确。尼泊尔共产党内部联合马列和毛主义中心的党派分歧与权力分配都影响各方面政策的稳定施行。

第二，政府高层与普通民众对"一带一路"倡议的认识差距仍是阻碍倡议加速推进的原因之一。"一带一路"倡议是中尼"高层政治"间的合作，但项目的推动最终还是要落脚到"人"这个主体上去。中国在尼泊尔的大多数项目都需深入到社会基层展开建设，需要依靠当地民众之手提供支撑。如果尼泊尔民众对中国及倡议的认知存在偏差，那么"一带一路"项目就会遭到抵触，甚至是破坏。因此当地民众对"一带一路"倡议的认识上是否能与尼政府高层达成共识直接影响到两国合作能否落地生根。

第三，基层政府治理能力的欠缺是中尼推动"一带一路"倡议的主要挑战之一。由于尼国内法律法规体系还未成熟，不可避免地会存在一些政策制定与执行的漏洞。尼泊尔政府针对外商投资制定了若干优惠条款,但是行政规范性的欠缺可能导致投资企业在相关手续办理、优惠政策申报和执行等方面出现与政策条款有所偏差的情况。例如,尼相关部门工作人员在处理中企投资项目时常常抱有"竭泽而渔"心态,对项目建设所需的进口原材料课以重税,甚至提前对企业征收生产经营性税收。此外,尼基层官员更关心项目能否带来立竿见影的收益,而不是制度环境的提升或项目未来前景之类的长期收益。这对于一个急需境外投资促进经济发展的国家来说尤为致命。

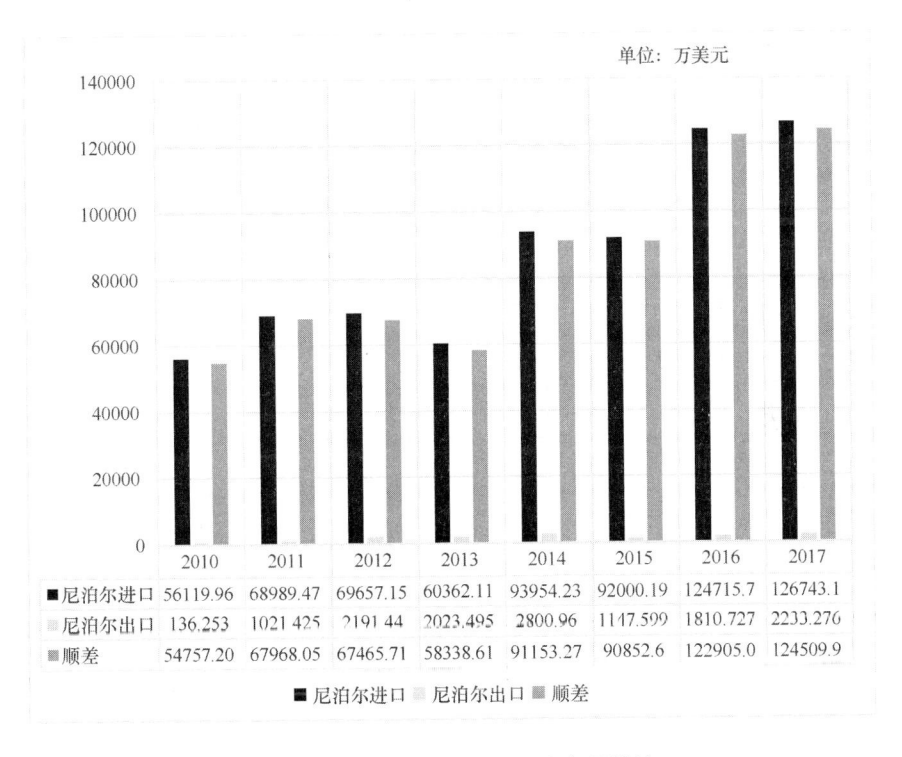

	2010	2011	2012	2013	2014	2015	2016	2017
尼泊尔进口	56119.96	68989.47	69657.15	60362.11	93954.23	92000.19	124715.7	126743.1
尼泊尔出口	136.253	1021.425	2191.44	2023.495	2800.96	1147.599	1810.727	2233.276
顺差	54757.20	67968.05	67465.71	58338.61	91153.27	90852.6	122905.0	124509.9

单位:万美元

图1　2010—2017年中尼双边贸易统计

资料来源:世界银行。

第四，贸易不平衡可能成为影响中尼推进"一带一路"倡议的另一因素。可以看到，自2010年以来中尼间贸易不平衡除2015年大地震因贸易额急剧下降而减少外长期处在高位。农业的羸弱、工业基础弱规模小、基础设施落后等原因导致了尼泊尔无法通过扩大出口减少贸易逆差。虽然贸易不平衡问题在各国基于比较优势而开展双边贸易中是自然现象，但在当前保护主义抬头、民粹主义情绪高涨的背景下，中尼贸易逆差议题有可能在尼国内上升为政治问题，进而影响中尼两国合作。

（三）中尼合作项目的经济可持续性

尼泊尔政府2017年3月初在"2017年投资峰会"上公布了八大优先投资领域，包括能源、农业、矿业、交通运输业、旅游业、通信业、银行业和制造业。此外，政府还公布了加德满都地铁项目、加德满都至博卡拉铁路项目等6个"成熟的投资大项目"。[①] 中国在尼公布的八大投资领域里均有较强的国际行业竞争优势，这也意味着中尼两国在投资合作中有着较高的契合度。基于尼灾后重建，基础设施改善等现实需求，在此次投资峰会上，中国企业与尼政府签署了高达83亿美元的投资意向，占所签投资意向总额的61.3%。[②]

理论上来说，通过鼓励企业"走出去"并以产能合作的方式进行，不仅可以帮助中国顺利实施供给侧结构性改革，减少国内"去产能、去库存、去杠杆"过程中可能造成的资源或投资浪费，

[①] "尼泊尔公布八大优先投资领域"，新华社，2017年3月2日，http://www.xinhuanet.com/fortune/2017-03/02/c_1120559382.htm。

[②] "Investment summit draws ＄13.51bn FDI commitment", The Himalayan Times, March 04, 2017, https://www.thehimalayantimes.com/business/nepal-investment-summit-2017-draws-13-51bn-foreign-investment-commitment/。

还可以为发展相对落后并且现实需求长期无法得到满足的国家和地区提供可负担的优质产品。但在实际操作层面，由于中国拥有全球领先的基础设施开发经验及先进技术，大部分对尼投资集中在这一领域（见表2）。从基础设施开发的特点来看，项目建设需投入的资金量极为庞大，且因投资运营周期比较长，企业单独承接时将面临非常巨大的资金周转压力。此外，由于基础设施建设及运营在很大程度上具有天然垄断性，每个投资项目往往只能交由一家企业负责建设与经营。上述基础设施投资特征使得中企在尼项目面临包括项目合同履约、经营管理等经济可行性风险。

表2 中企在尼泊尔投资项目（部分）

项目名称	工程实施方	投资金额	资金来源
华新水泥生产线	华新水泥股份有限公司与尼泊尔维迪雅工业集团	约合1.4亿美元	两国企业
纳拉扬加特—布德沃尔高速公路（Narayanghat-Butwal）路段扩建	中国建筑工程总公司第七工程局有限公司	约合1.53亿美元	亚洲开发银行承担85%的费用
布达甘达基（Budhi-Gandaki）水电站	葛洲坝集团	约合25亿美元	EPCF模式
塔纳湖（Tanahu）水电站第2标段	中国电力建设	约合1.71亿美元	全部项目预计花费5.06亿美元。其中，亚开行提供1.5亿美元,日本国际协力机构提供1.84亿美元,欧洲投资银行提供0.85亿美元,尼泊尔电力局提供0.87亿美元

续表

项目名称	工程实施方	投资金额	资金来源
55.5 MW 马相迪贝斯（Marsyangdi Besi）水电站	重庆机电	无公开信息	EPC
10 MW 郎塔（Langtang Khola）水电站	重庆机电	约合 0.237 亿美元	尼泊尔银行/EPC
75 MW Trishuli Galchhi 水电站	东方电气	约合 1.5 亿美元	EPCF
48.8MW 希姆蒂 2（Khimti II）水电站	重庆机电	约合 0.88 亿美元	EPCF
164 MW 卡利甘达基峡（Kaligandaki Gorge）水电站	云南新华水利水电	约合 3.6 亿美元	BOOT 模式
40.27 MW 苏瑞纳博（Siuri Nyadi）水电站	中国电力工程有限公司	无公开信息	EPCF
600 MW 马相迪（Marsyangdi Cascade）水电站	四川省投资集团	无公开信息	EPCF
201MW 蓝塘（Langtang）水电站	中国重型机械有限公司	无公开信息	EPCF
东特莱河 Eastern Tarai 整治工程项目	中交一公局	无公开信息	无公开信息
食品工业园	贵州海上丝路国际投资	约合 0.46 亿美元	无公开信息

资料来源：笔者根据公开资料整理。

首先，目前中企项目与尼泊尔政府签署的是合同模式为 EPC（工程—采购—建设），EPCF（工程—采购—建设—融资）或 BOOT（建设—拥有—经营—转让）。在 EPC 合同模式中，项目面临的主要风险包括设计风险、建设风险、采购风险与合同风险等。

设计风险：由于尼泊尔气候型态差异大、多地形的地质构造非常复杂，加之尼政府经济发展水平偏低且财政资金紧张，前期项目勘探后往往只能提供老旧或不完整的地质资料信息。工程地质的复杂，以及基建项目的复杂性，很可能会在施工建设过程存在设计变更导致工期延误的风险。

采购风险：因尼泊尔产业体系不健全，相当一部分原材料需要从中国或印度进口。然而尼政府的进口管制导致了部分建设材料供应周期较长且常常供不应求，进而导致项目无法按期完工。

建设风险：环保问题及土地征收也是中国在尼泊尔项目推进过程中的一大干扰因素。这一风险具体表现在当地居民由于生活习惯等各种因素拒绝政府征收土地，或是当地非政府组织因担心投资项目引起环境污染利用社交媒体引导国际舆论关注，从而给尼泊尔政府和中企施加压力，阻碍项目的推进。

合同风险：中企在尼项目还可能面临项目资金延误甚至不到位的问题。承包商需要做好在时间跨度很长的建设周期内垫付大量资金的准备。而这一可能性无疑将使中方企业面临极大的财务压力和风险。此外，尼方普遍对工期和建设进度要求十分严格。如果工期因上述风险或其他因素导致延误，项目负责企业还将承担巨额罚款的损失。

除了上述 EPC 模式中可能存在的风险之外，在 EPCF 或 BOOT 模式中还存在以下风险。第一，经济可行性。在 BOOT 模式中，企业可在合同所规定的期限内拥有所有权并进行经营，期满后将所有权和经营权交还给政府。虽然中方在尼泊尔的项目完成相对较好，但由于尼硬件配套能力不足，项目运营能否达到预期收益依然存疑。例如，尼泊尔基础设施落后，输变电设施陈旧，而尼政府又没有足够财政预算投入改善输变电设施，这可能导致水电站项目完成运营后输电过程中产生浪费和损失。同时由于社会治理能力较差，电费收缴率低或致无法弥补发电成本。

其次，"债务陷阱"舆论危机。需要指出的是，投融资过程中伴随的债务问题本是一个常见的客观现象，然而部分媒体利用舆论将普通的债务问题"政治化"，渲染为"债务陷阱"，并以此质疑中方企业投资的合理性，进而引起"一带一路"沿线国对中国投资的担忧和恐惧。中方在尼泊尔的投资项目虽会经过可行性研究以及融资方严格的审核，但由于尼经济长期落后，财政预算严重依赖国际援助，因国际、地区形势变化导致的正常收支或外汇问题很可能被炒作为"债务陷阱"。而"陷阱"论将会对中国企业在尼泊尔的合作投资项目产生极为负面的影响。

再次，在尼投资项目如何更好地促进经济增长和确保民生改善仍值得中国政府和企业思考。对尼泊尔当地民众来说，看得见、摸得着的收入提高或消费升级是增加居民获得感和提高倡议支持度的最有效途径。大规模基础设施建设常常被外界联想到经济高速发展甚至"中国模式"，然而，中国经济的高速增长主要动因之一是基础设施建设与出口导向制造业结合所产生的良好"化学反应"。经济的快速发展并不单独取决于基础设施建设，包括经济体系的构建、投资及营商环境的改善、受过良好教育的劳动力储备在内的制度或非制度因素都会发挥关键作用，仅仅有基础设施建设的"一带一路"倡议不仅较难具备经济可行性而且当地民众获得感也不强。比如，随着中尼铁路在未来建成通车，预计会有大量产自中国货物经铁路运抵尼泊尔。但因尼泊尔生产的商品在市场上缺乏竞争力，货车空车回程几乎是可以预见到的情形。这不仅将进一步放大中尼两国贸易不平衡问题,也可能动摇尼民众对"一带一路"倡议的支持。因此,研究推动基础设施和当地民生经济以及其他产业协同发展是未来高质量落实"一带一路"倡议的一项主要工作。

总的来说,"一带一路"倡议在尼泊尔所面临的挑战主要集中在三个方面。第一,国际政治形势;第二,尼国内政治因素;第三,尼国内经贸投资风险。在当前国际形势下,"一带一路"在尼建设可能面临上述挑战叠加,三重风险互相作用的状态,中尼政府应注意加强沟通协调,对各类风险做到早发现早处理,努力把风险控制在萌芽状态。

三、"一带一路"倡议下巩固中尼合作的建议

在推动"一带一路"在尼泊尔的建设的进程中,中国应抓住机遇、迎接挑战,要在清楚地认识到自身优劣势的基础上,以足够的耐心和定力谋划好中尼合作战略,从而促进两国合作的持续发展。

(一)积极协调和推进中尼印"一带一路"倡议下的合作

2018年4月18日,国务委员兼外交部长王毅在北京同尼泊尔外长贾瓦利会谈后共同会见记者时表示,在中尼经济走廊将来可以为可能建设的中国、尼泊尔、印度三边经济走廊创造条件,提供便利。三国的共同目标应是携手合作,实现共同发展和共同

繁荣。① 可以看出，在推动中尼印合作上，中国的态度一直是明确的。但是，印度始终对"一带一路"倡议抱有疑虑，对加入中尼印三方合作持保留态度。因此，中国需要尼泊尔共同加强与印度的对话，增进互信，争取形成三方经济合作机制，以达到深化互信、促进合作的目的。此外，由于尼泊尔南部莱特平原聚集着大量来自印度北部地区的打工者。考虑到地方选举对印度大选会产生举足轻重的影响，在与印度的对话中可强调尼泊尔经济发展将对改善印度北部各邦民生等方面有着不可忽视的意义来调动印方合作的积极性。

（二）中尼"一带一路"倡议下合作要重视软硬基础设施建设

从目前中国在尼建成或在建项目不难看出，交通设施与投资贸易方面的互联互通显然已经取得阶段性进展，一些项目已经或即将投入使用并对当地经济发展起到了推动作用。然而，以民心、文化、人才培养等为代表的"软性连接"似乎落后于"硬性连接"。"软性连接"不仅相比"硬性连接"更具持久性，还可以在潜移默化间对中尼合作起到促进作用，并为未来更高层次合作奠定坚实的基础。首先，中方可主动组织包括政府基层工作人员在内的中尼两国各行各业代表交流互动，加强尼人才能力建设和储备，促进自身发展。同时，鼓励中方职业院校"走出去"，为尼泊尔培养具备一定职业技能的劳动力队伍。其次，两国可通过增加互派留学生、加强学术界与媒体界交流等方式改变双方通过第三方渠道来认知对方这一尴尬现状，还原两国在彼此国家的真实形象，正确认知两国的发展政策与成就。

---

① 王毅：打造跨越喜马拉雅的立体互联互通网络，中文新闻网，2018年4月18日，http://www.chinanews.com/gn/2018/04-18/8494478.shtml。

(三) 帮助尼泊尔提高贸易能力

长期存在的巨额贸易逆差不仅可能会干扰中尼两国的经济合作，甚至可能会上升为政治问题，影响双边友好关系。然而，受制于国内落后生产力，尼泊尔长期无法提供有竞争力的出口产品和服务。因此，中国应在提高尼贸易能力方面给予更多帮助，推动尼泊尔具有国际竞争力的产品更多和更方便地进入中国市场，实现出口创汇。可以欣喜地看到，近年来中国在零关税优惠待遇等措施之外，还主动提供包括中国（尼泊尔）商品展览会、尼泊尔国际贸易博览会、中国南亚博览会、广交会、中国西藏旅游文化国际博览会等在内的各类展会平台，以促进中尼贸易。此外，中国还通过承诺购买尼泊尔羊毛制品等优质产品等措施减少贸易逆差。[1] 在通过实施各种措施鼓励和便利尼产品对华出口，2017/18 财年前七个月尼泊尔对中国出口增长72%。[2] 未来，中国宜利用好进口博览会等平台，进一步帮助尼泊尔增加对华出口。

(四) 积极谋划和推动中尼产业合作计划

随着中尼两国在"一带一路"倡议下各领域合作不断深化，未来尼方很可能向中国提出产业合作请求，提升本国工业基础。鉴于产业合作可能是今后中尼合作的重点，中国可以深入调研，

---

[1] "China to boost cooperation with Nepal in infrastructure connectivity", The Economic Times, June 20, 2018, https://www.economictimes.indiatimes.com/news/international/world-news/china-to-boost-cooperation-with-nepal-in-infrastructure-connectivity-xi/articleshow/64668854.cms.

[2] "2017/18 财年前七个月尼泊尔对中国出口增长72%"，中华人民共和国驻尼泊尔经商参赞处，2018年3月26日，http://www.np.mofcom.gov.cn/article/jmxw/201803/20180302723422.shtml.

提前谋划，推动两国关系迈向更高水平。

在谋划中应考虑到尼泊尔政府治理能力不足，规划设计和执行能力较差，对本国产业发展并不一定有明确的定位，中国应对尼泊尔产业结构和经济发展现状开展独立研究分析并形成相关报告，再根据报告内容在中国尼泊尔经贸协调委员会主动与尼方探讨制订经济发展计划。通过主动参与制订中尼两国产业合作规划，中国一方面可以对中企在尼投资进行统筹规划。另一方面，还可以避免尼泊尔政府因选举需要，不顾自身财政能力的限制，提出了一些超出本国社会经济发展需要并可能引发政治风险的大型合作项目。

四、结语

自尼泊尔加入"一带一路"倡议以来，中尼双边关系发展步入了新的阶段，合作达到了新的高度。中国在资金、技术、人力等方面给予了尼泊尔诸多支持，双边合作得到大力推进，合作范围不仅超越了教育培训、文化交流、官方和民间友好往来，基本上实现了全方位多领域的覆盖。此外，两国签订了诸多合作协议与合作备忘录，涵盖铁路建设、能源和投资等不同领域。可以说，"一带一路"倡议承载着两国人民对文明交流的渴望，对和平稳定的期盼，对共同发展的追求，对美好生活的向往，为南亚区域合作描绘出繁荣发展的美好愿景。

但与此同时，我们也应该清醒地认识到，未来中尼在"一带一路"框架下合作的挑战也不容忽视，尤其以外部政治因素为代表的各类风险将极大地增加"一带一路"在尼泊尔的不确定性。如何化解各类合作风险，既是中尼合作未来面临的重要难题，也是中尼双方所必须要攻克的痛点。对中国而言，尼泊尔政府在经济发展、社会治理方面经验不足，因此应软硬基础设施建设并重，加大力度推动人文交流与合作，并帮助尼各级政府官员学习掌握先进发展理念和经验，提升行政能力。同时，主动增加惠及民生的产业投资项目，让更大范围内的尼泊尔居民享受到"一带一路"倡议带给他们的"红利"，从而夯实两国合作的社会基础。我们相信，中国将继续与尼泊尔一起在"一带一路"倡议下为南亚区域和平、稳定与繁荣做出新的贡献。

致　谢

本书得以完成要归功于众多的支持和帮助。首先感谢接受我们调研的中华人民共和国驻尼泊尔联邦民主共和国大使馆（Embassy of the People's Republic of China in the Federal Democratic Republic of Nepal）、中华人民共和国驻尼泊尔人民民主共和国大使馆经商参赞处（Economic and Commercial Counsellor Office of the Embassy of the People's Republic of China in the Federal Democratic Republic of Nepal）、尼泊尔驻上海领事馆（Nepal Consulate in Shanghai）、尼泊尔中资企业协会（Chinese Enterprises Association in Nepal）、尼泊尔中国研究中心（China Study Center of Nepal）、尼泊尔社会福利委员会（Social Welfare Council）、尼泊尔教育部（Ministry of Education）、尼泊尔战略研究所（Nepal Institute for Strategic Studies）、尼泊尔国际与战略研究所（Nepal Institute for International and Strategic Studies）、尼泊尔基础设施和交通部（Ministry of Physical Infrastructure and Transportation）、尼泊尔工业部工业局（Department of Industry, Ministry of Industry）、尼泊尔投资理事会（Investment Board Nepal）、加德满都法学院（Kathmandu School of Law）、亚洲基金会驻尼泊尔代表处（The Asia Foundation in Nepal）、尼泊尔打击贩卖妇女儿童联盟（Alliance against Trafficking in Women & Children in Nepal,

AATWIN)、法律研究和资源发展中心（Center for Legal Research and Resource Development，CeLRRd)、妇女、法律和发展论坛（Forum for Women，Law and Development)、国际人权、环境和发展研究所（International Institute for Human Rights，Environment and Development，INHURED)、促进社会正义法律和政策论坛（Law and Policy Forum For Social Justice，LAPSOJ)、法律和咨询中心（Legal Aid and Consultancy Center)、保护人民权利论坛（Forum for Protection of People's Rights，PPR Nepal)、力量团（Shakti Samuha)、跨文化心理社会学组织（Transcultural Psychosocial Organization Nepal，TPO Nepal)、尼泊尔妇女康复中心（WOREC Nepal)、喜马拉雅人权监测者（Himalayan Human Rights Monitors，HimRights)、英国国际发展部（DFID)、上海建工集团（SCG)、中国葛洲坝集团公司（CGGC）等等。

其次，特别感谢亚洲基金会北京办公室主任计洪波女士及方晖、曾璐、黄真、张晏雁女士的帮助和支持，以及亚洲基金会驻尼泊尔代表 George Varughese 先生及其热情周到的同事们 Nandita Baruah 和 Reena Pathak 女士等的帮助，使得我们能完成在尼泊尔的实地调研，也感谢亚洲基金会给我们提供的研究资金支持。还要特别感谢中国国际发展合作研究网络主席李小云教授，尼泊尔加德满都法学院院长、尼泊尔前任国家总检察长 Yubaraj Sangroula 教授，尼泊尔特里布万大学 Deepak Prakash Bhatt 教授等人的指导和建议，以及加德满都法学院副教授 Anjan Kumar Dahal 先生等给予课题组在尼泊尔调研时的帮助。

再次，还要感谢上海国际问题研究院为我们的写作提供了包容和支持的研究环境。感谢研究院学术委员会主任杨洁勉研究员、上海国际问题研究院院长陈东晓研究员的支持。感谢上海外国语大学马丽蓉教授、复旦大学张家栋教授、林民旺教授、章节根教授、上海政法大学曹俊金教授、上海国际问题研究院赵干城研究员、王玉柱研究员的修改意见，以及众多为我们研究提供支持和帮助的各位同事。

最后，感谢时事出版社苏绣芳老师对于本书出版的大力支持，继《老挝与"一带一路"》一书于2018年出版后，继续支持我们出版《尼泊尔与"一带一路"》。

本书作者

图书在版编目（CIP）数据

尼泊尔与"一带一路"/张海冰 周太东等著. —北京：时事出版社，2019.11
ISBN 978-7-5195-0336-9

Ⅰ.①尼… Ⅱ.①张… Ⅲ.①"一带一路"—国际合作—中国、尼泊尔 Ⅳ.①F125.535.5

中国版本图书馆 CIP 数据核字（2019）第 235220 号

出 版 发 行：时事出版社
地　　　址：北京市海淀区万寿寺甲 2 号
邮　　　编：100081
发 行 热 线：（010）88547590　88547591
读者服务部：（010）88547595
传　　　真：（010）88547592
电 子 邮 箱：shishichubanshe@sina.com
网　　　址：www.shishishe.com
印　　　刷：北京旺都印务有限公司

开本：787×1092　1/16　印张：10　字数：120 千字
2019 年 11 月第 1 版　2019 年 11 月第 1 次印刷
定价：60.00 元

（如有印装质量问题，请与本社发行部联系调换）